Psicología Oscura

Manual de Persuasión Avanzada y Manipulación Mental: como involucrar, convencer y persuadir

Samuel Navarro

*Copyright 2020 – Samuel Navarro.
Todos los derechos reservados.*

Introducción 5

1. ¿Qué es la persuasión? 10

2. Cómo influenciar y convencer a quien sea 34

3. Cómo influenciar a los demás y ser un mejor líder 48

4. Cómo controlar la mente de las personas 58

5. Cómo ganar una discusión comunicándose de manera persuasiva y eficaz 70

6. Cómo cambiar el estado emocional de una persona (técnicas de PNL) 80

7. Cómo utilizar la comunicación no verbal para influir en las personas 92

8. Como protegerse de la manipulación de los demás 108

9. La persuasión en otros contextos 120

Conclusión 128

Introducción

A menos que estés tratando de convertirte en un maestro zen a la altura de los mejores monjes budistas, prácticamente siempre hay algo que deseas. Puede ser un aumento de sueldo, convertirte en socio de una compañía o quizá simplemente un postre gratis al terminar la cena en un restaurante.

Puedes obtener muchas cosas en la vida simplemente convenciendo a los demás de dártelas, pero nadie te dará nada sin tener una buena razón para hacerlo. En este libro, descubrirás como convertirte en un mejor comunicador, capaz de persuadir a quien sea.

La herramienta mas importante para obtener lo que deseas es la psicología de la persuasión. El primer paso será mantenerte confiado y proyectar la confianza que tienes en ti mismo a lo largo de la interacción. Mientras generes mas confianza, tus argumentos convencerán de mejor manera a los demás y lucirás mas fuerte. La confianza es fácil de fingir y difícil de distinguir, así que no tengas miedo si no te sientes seguro; actúa siempre con confianza y probablemente será suficiente. La única diferencia significativa entre el comportamiento del persuasor y el persuadido, esta en la expresión de la confianza.

La confianza implica que estas convencido que obtendrás lo que deseas, lo que influye sutilmente a la otra persona a dártelo. Solo presta atención a no expresar excesivamente tu demostración de confianza, ya que te arriesgas a alejar a las personas por ser considerado arrogante.

Las personas son fácilmente persuadidas por la lógica. La persuasión es el proceso de convencer a un adversario a cambiar sus convicciones y/o su comportamiento por medio de argumentos morales o lógicos (y no por medio de la fuerza bruta). Cuando alguien esta convencido de hacer algo, lo hará porque cree que es lo correcto o mejor para hacer.

Por ejemplo, supongamos que estás tratando de convencer a un compañero de trabajo de tomar la responsabilidad de la parte mas complicada de un trabajo en el que están trabajando juntos. Inicialmente, tu compañero se puede resistir, pero puedes usar un argumento lógico para explicar que él esta mejor preparado para cumplir la asignación, lo que significa que el trabajo sera desarrollado de maneras mas rápida y eficaz, haciéndolos quedar bien mientras ayudan a la compañía.

Algunas palabras tienen un valor inherente más alto que otras y algunas palabras tienen asociaciones más positivas que otras. Por ejemplo, "rentable" es una palabra más poderosa que "bueno" y "razonable" es una palabra más poderosa que "está bien".

Tu objetivo no sera el de implementar grandes palabras en tus frases, sino organizar las frases para asegurarte que el significado sea expresado con precisión. En el proceso, te convertirás en un mejor comunicador, lo que te hará parecer mas inteligente y pensativo, y por lo tanto más confiable

No siempre podrás convencer al sujeto a darte lo que deseas al primer intento. Si no lo logras, no recurras a súplicas o discusiones. Es mejor abandonar la situación y volver a intentar en una segunda oportunidad.

Tus mensajes persuasivos quedaran en su subconsciente y la próxima vez que retomes el argumento, tendrás la posibilidad de parecer mas razonable (y mas persuasivo). No abandones tu objetivo, solo deja pasar tiempo entre varios intentos.

Recuerda que la persuasión es una habilidad que puede ser afinada y mejorada con el tiempo. No tendrás éxito (muy probablemente) la primera vez que pongas en practica estas tácticas, pero mientras mas las uses, seras mas hábil y natural en su ejecución.

Presta atención a no manipular ni maltratar a las personas, tu objetivo, en cambio, debe ser el de ayudarle a ver las cosas bajo una luz diferente.

Este libro te acompañará a dominar el arte de la persuasión, ayudándote a entender de lo que se trata y como usarla en la mejor manera. ¿Cuales son las habilidades necesarias para convertirse en un persuasor? ¿Como influenciar a los demás y ser un mejor líder? ¿Que es el *mirroring* y como utilizarlo? Todas estas preguntas y muchas mas, encontraran respuesta en el curso de esta sencilla lectura que te dará una vista completa sobre el concepto de la persuasión y como aplicarlo de la mejor manera en tu vida diaria.

1. ¿Qué es la persuasión?

¿Qué te viene a la mente cuando piensas en la persuasión?

Algunas personas podrían pensar en mensajes publicitarios que invitan a los espectadores a comprar un producto determinado, mientras que otros pensarían en un candidato político que busca influenciar a los electores a elegirlo para una posición. La persuasión es una potente fuerza en la vida cotidiana y tiene una gran influencia sobre la sociedad y sobre la misma existencia. Política, decisiones de gobierno, medios de comunicación masiva, noticias y publicidad están todos influenciados por el poder de la persuasión y a su vez, influyen sobre nosotros mismos.

A veces nos gusta creer que somos inmunes a la persuasión. Que tenemos una capacidad natural de ver estas técnicas y reconocerlas de inmediato, comprender la verdad en una situación y llegar a conclusiones por nosotros mismos. Esto puede ser cierto en algunos casos, pero la persuasión no es solamente un vendedor insistente que busca venderte un auto o un comercial de televisión que te invita a comprar el producto mas reciente. La persuasión puede ser sutil y el modo en el que respondemos a estas influencias puede depender de varios factores.

Cuando pensamos en la persuasión, los ejemplos negativos son muy seguido los primeros que nos vienen a la mente, pero la persuasión puede ser usada también como una fuerza positiva. Las campañas de servicio publico en las que solicitan a las personas que reciclen o dejen de fumar, son ejemplos perfectos de la persuasión utilizada para mejorar la vida de las personas.

¿Que es exactamente la persuasión?

En *The Dynamics of Persuasion,* Perloff define la persuasión como *"...un proceso simbólico en el que los comunicadores buscan convencer a otras personas a cambiar de actitud o comportamiento en relación a un problema por medio de la transmisión de un mensaje en un ambiente de libre elección."*

Los elementos claves de esta definición de persuasión son:

1. La persuasión es simbólica: se basa en el uso de palabras, imágenes y sonidos.
2. Implica un intento deliberado de influir en los demás.
3. La auto-persuasión es fundamental. Las personas no están obligadas; son libres de elegir.
4. Los métodos de transmisión de mensajes persuasivos pueden presentarse de varias maneras, verbalmente y no verbalmente a través de la televisión, radio, Internet o comunicación cara a cara.

¿En qué se diferencia la persuasión hoy en día?

Si bien el arte y la ciencia de la persuasión han sido de interés público desde la época de los antiguos griegos, existen diferencias significativas entre cómo se presenta la persuasión hoy y cómo sucedió en el pasado.

Perloff ofrece cinco formas principales en las que la persuasión moderna se diferencia del pasado:

1. El número de mensajes persuasivos ha crecido enormemente. Piensa por un momento en la cantidad de anuncios que encuentras diariamente. Según diversas fuentes, el número de anuncios a los

que está expuesto el adulto promedio todos los días oscila entre 300 y más de 3.000.

2. La comunicación persuasiva viaja mucho más rápido. Televisión, radio e Internet ayudan a difundir mensajes persuasivos muy rápidamente.

3. La persuasión es un negocio. Además de las empresas que operan exclusivamente con fines persuasivos (como agencias de publicidad, empresas de marketing, empresas de relaciones públicas), muchas otras empresas confían en la persuasión para vender bienes y servicios.

4. Actualmente la persuasión es mucho más sutil. Claro, hay muchos anuncios que utilizan estrategias persuasivas muy obvias, pero algunos mensajes son mucho más sutiles. Por ejemplo, las empresas a veces crean cuidadosamente una imagen muy específica diseñada para invitar a los espectadores a comprar productos o servicios para lograr un estilo de vida deseado.

Los principios básicos de la persuasión

En 1984, el Dr. Robert B. Cialdini escribió un libro llamado *Influence: The Psychology of Persuasion*. Desde entonces, ha sido ampliamente aclamado como uno de los libros canónicos en el campo del marketing y la psicología: texto de lectura obligatoria para todo aquel que este interesado en la optimización de la comunicación.

Entre los diversos aspectos tratados en el texto, los "6 tipos de influencia" de Cialdini son los mas significativos:

- Reciprocidad;
- Compromiso y coherencia;
- Aprobación social;
- Autoridad;
- Simpatía;
- Escasez.

Treinta años después de la publicación de este libro, los principios apenas citados han sido aplicados en muchos otros contextos, entre los cuales tenemos el marketing y las ventas.

Influenciar a otros es un poder. Incluso ¡un super-poder! Imagina ser capaz de aprovecharlo como una habilidad y usarlo cuando la situación lo amerite. Gracias a las investigaciones dirigidas en los últimos años, todo esto es mas factible de lo que se piensa.

Para transformar a un simple usuario en un consumidor, cada pequeña acción de condicionamiento cuenta muchísimo. Esta es la manera en la que puedes utilizar los 6 principios de persuasión de Cialdini en tu vida cotidiana:

1. Reciprocidad

Uno de los principios básicos del condicionamiento es sencillamente el de dar al usuario lo que desea recibir. En otras palabras, comportarse bien con los demás es una buena manera de inducirlo a hacer lo mismo por ti.

Por ejemplo, por 15 años después de su famoso experimento con tarjetas de Navidad, Phillip Kunz, profesor de la Universidad Brigham Young, siguió recibiendo felicitaciones de Navidad de personas que no conocía. Sí, personas completamente desconocidas seguían enviándole tarjetas de Navidad.

¿Porque? Como parte de su experimento, Kunz eligió al azar a 600 personas de pueblos cercanos y les envió a cada uno de ellos un saludo navideño personalizado. Después de cinco días de silencio al inicio, llegaron más de 200 respuestas, algunas de 3-4 paginas de largo. Ahora te estarás preguntando, ¿qué condujo a tales resultados? ¿cuáles son entonces las observaciones del experimento? Cialdini explica este comportamiento como un ejemplo de obligación mutua.

Incluso si no lo conocían, los sujetos del experimento se sintieron obligados a responder a Kunz. Esto sucedió porque el profesor les dio algo a lo que, de alguna manera, tenían que responder. Los destinatarios eligieron la forma más directa y enviaron cartas y deseos navideños.

Adam Grant, profesor de Wharton (Pensilvania) también ha realizado una investigación profunda sobre los beneficios de ayudar a los demás. Hay un par de formas de hacer que esta reciprocidad funcione: ofrecer pequeños obsequios, tratar a los demás con respeto y hacer favores a los necesitados son cosas que pueden hacerte ganar puntos a los ojos de los demás.

Para beneficiarte del principio de dar y recibir, da generosamente. Crea contenido útil y regalos gratuitos de manera de entrar en contacto con la mayor cantidad de destinatarios posibles, quienes se sentirán con el deber de restituir el favor.

Podrán hacerlo visitando tu sitio web mas a menudo (y convirtiéndose en lectores fieles), o quizás a cambio compartirán tu trabajo (convirtiéndose en seguidores). Tal vez te devolverán el favor simplemente siguiendo cualquier llamada a la acción que tengas en tu contenido (y al final terminaran comprando tu producto o servicio).

Es muy importante, sin embargo, dar sin la esperanza de recibir, ofrece contenido con un verdadero espíritu de compartir. Si lo haces, las personas reconocerán tu esfuerzo y te obedecerán.

Por lo tanto, un buen enfoque es aquel de ayudar siempre a los demás y ser amable cuando tengas la oportunidad, nunca se sabe cómo esto podría ayudarte en el futuro; son estos pequeños actos de bondad los que serán recordados y de utilidad cuando necesites un favor.

2. Compromiso y coherencia

¿Le has restado alguna vez valor a algo que obtuviste gratis? es decir, sin pagar nada en efectivo o de otra manera. Si lo has hecho, no tienes por que sentirte culpable. Es natural y le pasa a todo el mundo.

Lo interesante es que esta indiferencia no tiene nada que ver con el contenido real del regalo, sino que está ligada al valor percibido. Si esto se compara con algo por lo que has pagado, este último casi siempre se considerará más valioso. Sin embargo, es más interesante esa brecha que no tiene nada que ver con el contenido o el valor del regalo. Se trata más del valor percibido. Si se compara con algo por lo que has pagado, casi siempre percibes este último como más valioso.

Probablemente estarás pensando: ¿algo por lo que se paga no tiene una calidad mayor que algo gratis? No necesariamente: es realmente una cuestión de percepción.

Si bien la percepción suele ser analizada desde el punto de vista del dinero, el verdadero motor es el compromiso y la coherencia: cuando pagas por algo estás invirtiendo en ello, y por eso te sientes más involucrado y por este motivo lo valoras más.

Para profundizar en el poder del compromiso y la coherencia, Cialdini propone nuevamente el experimento que una pareja de psicólogos canadienses realizaron con personas que participan en apuestas de carreras de caballos. Sus resultados mostraron cómo la gente comenzó a sentirse mucho más segura una vez que se decidieron sus apuestas.

Una vez colocadas las apuestas, se sintieron obligados a comportarse de acuerdo con su elección, condicionándose para sentirse más seguros de los caballos por los que habían apostado. Su compromiso provocó una sensación de coherencia, ya que sus posibilidades de ganar no han cambiado realmente.

El compromiso y la coherencia son simples: una vez que las personas toman una responsabilidad, comienzan a comportarse de manera coherente como consecuencia.

Te sientes obligado a defender lo que haces, las elecciones que tomas y como te comportas.

Es injusto, pero a menudo tus mejores ofertas pueden darse por sentado si las da gratis o por muy poco. Esto no significa que nunca debas dar nada gratis, sino que debes pedir un compromiso a cambio.

Si está vendiendo algo en línea, la implementación más básica del principio de compromiso y consistencia podría ser pedirle a las personas su dirección de correo electrónico para acceder al regalo.

El principio de coherencia se basa en el poder de los compromisos activos, públicos y voluntarios, lo que hace que las personas cumplan realmente su palabra. Veamos estos requisitos de manera mas detallada.

El primer paso es un compromiso activo. Por activo Cialdini indica algo que está escrito o dicho por otros. Hacer que las personas digan que harán algo es un comienzo, pero cuando se comprometen activamente, es mucho más probable que le den seguimiento.

El segundo paso es hacerlo público. Cuando otros son testigos de este compromiso, se agrega un nivel de responsabilidad a la declaración y nadie quiere retractarse de su palabra.

Finalmente, debe ser voluntario. Si obligas a alguien a asumir un compromiso activo y público que no ha decidido por si mismo, no has logrado nada.

Entonces, ¿cómo debemos comportarnos en estos casos? Una vez que hayas persuadido a alguien para que haga algo, consigue que asuma este tipo de compromiso para implementar el principio de coherencia y asegurarte de que haya un compromiso legítimo en sus palabras.

3. Aprobación social

Todos están sujetos a la influencia social. Para mostrar el efecto de la técnica de persuasión social, Cialdini menciona el ejemplo de las *canned laughters*, la pista de las risas que es a menudo insertada en programas de comedia o programas de televisión divertidos.

Ya sea que encuentres una broma divertida o no, escuchar una risa grabada casi siempre convence a las personas a reír, incluso tu. Tu risa no es natural, es inducida, es una acción de reflejo en respuesta a la risa que acabas de escuchar.

Quizás te preguntes cómo el escuchar la risa puede influir en las personas para que se rían, aunque una broma no sea divertida. La respuesta está en nuestra tendencia natural a repetir las cosas que vemos hacer a nuestros compañeros y en la ciencia de la persuasión.

Cialdini también cita el consejo dado por Cavett Robert, consultor de ventas y motivación, a sus aprendices: "Dado que el 95% de las personas son imitadores y solo el 5% son iniciadores, las personas son mas persuadidas por las acciones de los demás que de cualquier evidencia que podamos ofrecer."

En muchas situaciones, las personas confían en las señales sociales de otros sobre cómo pensar, sentir y actuar. No solo de cualquier persona, sino sobre todo de compañeros o personas que creen que son similares a ellos. Este es un punto clave y es conocido como aprobación social.

Por esta razón, si deseas influir en tus pasantes, un equipo en particular de tu departamento o nuevos empleados, debes comenzar por ti mismo. Cuando ven a un empleado como ellos que parece estar actuando por iniciativa propia o siguiendo una nueva directiva, es más probable que hagan lo mismo.

Hacer que una primera persona actúe, marca la diferencia y desbloquea el poder de la aprobación social.

Estas son algunas maneras en las que puedes integrar la aprobación social en tu estrategia on line: agrega opciones para compartir en las redes sociales, de esta manera tendrás la opción de ver el recuento de cuántas veces se ha compartido tu trabajo. Para un nuevo visitante, esta es una excelente prueba de la calidad de tu contenido y lo invitará a leerlo e incluso a compartirlo. Una gran técnica de persuasión es agregar el número de suscriptores actuales. Haz que los influencers compartan tu contenido: contacta influencers en tu nicho y pídeles que compartan tu contenido.

4. Simpatía

El principio del agrado, de alguna manera, es una parte abstracta de la ciencia de la persuasión, pero una verdad a la que todos nos hemos rendido muchas veces.

Si te has encontrado diciendo que sí a alguien, sin ningún motivo en particular, has tomado una decisión en función a tus preferencias.

A la gente le agrada quien puede ser percibido como un amigo, es una idea simple pero poderosa. El principio del agrado se puede utilizar de varias formas.

Uno de ellos es buscar espacios comunes con las personas con quienes te encuentras. Si logras conectarte con ellos acerca de sus pasatiempos o intereses, tendrás una base sólida sobre la cual construir. Ser buenos observadores de quienes nos rodean es una excelente manera de comprender cualquier pista que puede llevarte a un terreno común.

El otro enfoque es hacer un elogio sincero. Hacer cumplidos y ser encantador puede ayudar a construir relaciones positivas con los demás. Sin embargo, una advertencia: no exageres. La clave aquí es el elogio sincero, no uno fabricado hasta el punto de que se note claramente que estás tratando de hacerte su amigo.

5. Autoridad

Cuando eres percibido como un experto en un área, es más probable que los demás te escuchen. ¿Porque? A menudo, los expertos pueden ofrecer un atajo para tomar decisiones razonables que, de otro modo, llevarían mucho tiempo para producir buenos resultados.

Entonces la idea es establecer una credibilidad de autoridad y competencia.

¿Haz hecho alguna vez algo porque alguien en una posición de autoridad te pidió que lo hicieras?
¿Alguna vez haz comprado un producto solo porque un blogger de alto nivel entre las personas que sigues lo recomendó?

Si es así, entonces has entrado en el principio científico de la persuasión al cumplimiento de una autoridad.

Cialdini destaca la influencia innegable de una figura de autoridad, compartiendo un experimento realizado por Milgram, profesor de psicología en la Universidad de Yale.

La figura de autoridad en el experimento era un investigador de laboratorio y los participantes fueron divididos en dos grupos: docente y estudiantes.

Se esperaba que los estudiantes memorizaran una lista de pares de palabras y luego las recordaran correctamente en una prueba de seguimiento. Cada respuesta incorrecta se castigaba con una descarga eléctrica y con cada error, se incrementaba la intensidad de la última. Se instruyó a los docentes para que aumentaran la intensidad después de cada respuesta incorrecta.

Los resultados fueron realmente impresionantes: alrededor de dos tercios de los sujetos en la función de docente no se detuvieron y aumentaron el voltaje de la descarga eléctrica a su capacidad máxima (¡450 voltios!).

El experimento demostró que los sujetos en el rol de docentes continuaron a aumentar la intensidad del choque bajo la dirección del investigador del laboratorio (quien actuó como la máxima autoridad) a pesar de escuchar los repetidos gritos de los estudiantes en busca de alivio.

Cialdini ilustra este seguimiento extremo de las indicaciones perpetradas por los profesores como un sentido del deber inherente a todos nosotros. Los sujetos en el rol de docentes no pudieron desafiar las órdenes del investigador de laboratorio.

Esta observación fue adicionalmente validada por un experimento de seguimiento. En esta ocasión el investigador del laboratorio pidió a los sujetos en el rol de docentes que dejaran de provocar descargas eléctricas, mientras que durante el curso los alumnos debían animarlos y pedir más.

Los resultados fueron drásticos: todos los docentes detuvieron las descargas eléctricas cuando el investigador del laboratorio les ordeno hacerlo, esto sucedió a pesar de que "los estudiantes" le estuviesen pidiendo voluntariamente mas descargas.

El experimento de Milgram sobre la ciencia de la persuasión, deja muy pocas dudas sobre el hecho de que todos nosotros estamos vinculados hacia una autoridad por un sentido del deber. Eso significa que si puedes construir tu estatus de manera de que puedas ser percibido como una autoridad, podrás convencer a las personas de que hagan lo que tu deseas.

Practicar algunos de los principios de la persuasión antes mencionada con la finalidad de influir en los demás es de alguna manera fácil. Incluso podrás ver resultados rápidamente (incluso instantáneamente)

Sin embargo, el principio de autoridad es difícil de explotar: la creación de un estado de autoridad necesita tiempo pero los resultados, son extraordinarios.

Si bien no existen atajos para lograr el estatus de autoridad, los siguientes pasos te ayudarán a posicionarte como tal.

Existen varias maneras de establecer dicha autoridad. Entre estos, un método rápido y simple es hacer visibles todos los diplomas, credenciales y premios en la oficina o en el lugar de trabajo, de manera de establecer tus antecedentes y generar confianza. Por supuesto, esto puede no ser siempre una opción.

Otro enfoque es el de transmitir habilidades a través de breves anécdotas o información compartida en conversaciones casuales. Solo recuerda que los demás no siempre conocen tu experiencia, así que asegúrate de transmitirla cuando tengas la oportunidad.

6. Escasez

Es fácil apreciar lo raro: este principio no es otro que la relación entre oferta y demanda. A medida que las cosas se vuelven más difíciles de encontrar, serán más valiosas para las personas.

Existen algunas formas en las que puedes utilizar el principio de escasez para convencer a otros. Uno es simplemente hacer ofertas por tiempo limitado, disponibilidad limitada o por única vez, lo que crea inmediatamente una sensación de escasez.

Al mismo tiempo, es importante la manera de presentar estas oportunidades. Si te concentras más en el lenguaje que expresa una pérdida e indicas que te estás privando de algo en lugar de ganarlo, el mensaje se volverá más poderoso.

Por ultimo, está el enfoque de exclusividad. Brindar acceso a información, servicios u otros elementos a un número limitado de personas, crea una sensación de exclusividad. Esto a menudo se traduce en un favor directo para esas personas y en el hecho que los valoras más que a otros.

Si puedes combinar todos estos elementos para enmarcar una situación, tu capacidad de persuasión aumentará considerablemente. Por esta razón, intenta utilizar ofertas limitadas y un lenguaje que refleje los conceptos de pérdida y exclusividad para crear una sensación de escasez.

La escasez desencadena el miedo a perderse algo (en inglés "FOMO", Fear Of Missing Out). Y no, el miedo a perderse algo no es algo que los especialistas en marketing hayan creado desde cero, es algo que realmente ha existido desde siempre. Es un miedo inconsciente que surge de la posibilidad de tener remordimientos en el futuro por no tomar una decisión a tiempo. El marketing basado en este principio a menudo atrae al lado impulsivo de todos nosotros.

Dominar estos seis principios de influencia, te permitirá maximizar tus habilidades de persuasión, pero una advertencia: no abuses de estas habilidades. Pueden ser usadas fácilmente para manipular y controlar a otros.

"El personaje puede considerarse el medio de persuasión más eficaz". - Aristóteles

Cialdini lo declara abiertamente en su propio escrito: estos principios de condicionamiento deben ser usados para el bien y tu influencia debe ser auténtica, genuina, para conducir a las mejores decisiones no solo para ti mismo, sino también para los demás.

Utiliza estos principios correctamente y recogerás los frutos.

2. Cómo influenciar y convencer a quien sea

Todos queremos ser influyentes, queremos que nuestras palabras tengan peso y hagan sentir nuestra presencia. Queremos que nuestra existencia sea significativa y que esto se dé en manera natural.

No queremos ser intrusos o exagerados, ni queremos forzar a nadie a cambiar de idea. Queremos solamente ser persuasivos. ¿Como podemos ser naturalmente influyentes? Independientemente de la persona con quien estamos o de que cosa estamos haciendo

Estos aspectos necesitan ser analizados tanto desde el punto de vista personal como de marketing, pero al final son muy efectivos en cualquier tipo de empleo interpersonal, desde el networking hasta la creación de nuevos clientes y la gestión de relaciones familiares complejas... prácticamente cualquier escenario en en el que participan dos o más personas.

Utilizar el mirroring (duplicación) para establecer un acuerdo inconsciente

Una de las maneras mas rápidas y sencillas para establecer una posición de influencia con un individuo es el *mirroring* o duplicación.

La duplicación es el acto de copiar el lenguaje corporal, el tono, el volumen y la velocidad de habla de una persona. En resumen, se refleja el comportamiento de alguien mas, como un espejo refleja una imagen.

Según estudios del profesor Jeremy Bailenson de la Universidad de Stanford y su colega el Dr. Nick Yee, el acto de reflejar el comportamiento de los demás ha demostrado una mayor influencia social en la persona a la que se imita. En los estudios realizados, se encontró que las personas que reflejaban eran, en última instancia, más persuasivas y tenían una calificación más positiva que las que no lo hacían.

En el contexto de las conexiones interpersonales típicas, reflejar el comportamiento de una persona tiende a hacer que te sientas cómodo y puede aumentar significativamente las posibilidades de establecer una relación con el individuo que tienes delante. Esto puede hacer que las personas se sientan cómodas, romper la resistencia inconsciente, fomentar la confianza y mucho más.

Como la mayoría de los temas que discutiremos, la duplicación deberá aprenderse conscientemente hasta que se convierta en una parte inconsciente de cómo interactúas con las personas. Durante el entrenamiento, una buena regla general es esperar de 5 a 10 segundos antes de intentar reflejar la posición de alguien para no volverte demasiado obvio.

Sin embargo, debemos ser prudentes, ya que la duplicación puede tornarse contraproducente si estamos reflejando posturas muy negativas, como cruzar los brazos y las piernas o alejar la parte superior del cuerpo de ellos.

Utiliza pausas y silencios para dictar el ritmo del oyente.

El silencio incomoda a mucha gente. No se puede negar. Para muchos, el silencio es tan poderoso que no pueden resistirse a llenarlo. Llenar el vacío se vuelve casi una necesidad secundaria para ellos.

Las personas naturalmente influyentes son conscientes del efecto que tiene el silencio en las personas y lo utilizan como una herramienta persuasiva en la conversación diaria.

Desde una perspectiva estratégica, entienden que cualquier persona que llene el vacío del silencio tiene mayor probabilidad de revelar más información, como dar pistas o incluso cometer un error que podría beneficiar al oyente. Desde una perspectiva quizás menos calculada, las personas que no le temen al silencio, que son intencionales y sin prisas en sus acciones y conversaciones, provocan una sensación de control y confianza.

Los beneficios adicionales del silencio y las pausas incluyen una mejor capacidad para escuchar y procesar la información. Una oportunidad para decidir la forma más articulada y efectiva de comunicar un pensamiento, la capacidad de comprender mejor al hablante y establecer una conexión más personal.

La conclusión es que el silencio es poderoso y si quieres aprender a persuadir a las personas sin mucha práctica, dominar el arte del silencio debe estar en el primer lugar de tu lista de prioridades.

Rodéate de otras personas influyentes

Eres el promedio de las cinco personas que mas frecuentas. Este dicho se alinea con la ley de los promedios, la teoría de que "el resultado de una situación dada será el promedio de todos los resultados".

Si bien de manera diaria podemos interactuar con muchas personas, aquellas que tienen un gran impacto sobre nosotros son en realidad muy pocas. Solo un pequeño círculo influye realmente en nuestras decisiones y forma de pensar.

Cuando te rodeas de personas de las que aspiras aprender e imitar, naturalmente subirás a su nivel. Pasar más tiempo con personas influyentes te permitirá absorber sus conocimientos, gestos y visión general de la vida, que es una parte significativamente de su éxito.

Las personas influyentes no tienen miedo de ponerse en contacto con otras personas influyentes en busca de ayuda y consejo. Entienden el valor de conectarse con influencers exitosos, emprendedores y buscar conexiones.

Todos elegimos con quién pasar nuestro tiempo, y una de las mejores formas de convertirse en una figura de autoridad es pasar tiempo con personas que son naturalmente influyentes.

Anima a las personas a hablar sobre sí mismas

A la gente le gusta hablar de sí misma. En un estudio, la reconocida psicóloga de Princeton Diana Tamir descubrió que entre el 30% y el 40% de nuestro discurso se centra en nosotros mismos. En ese mismo estudio, Tamir señaló que cuando las personas hablaban de sí mismas, sus escaneos cerebrales mostraban signos de actividad en las áreas más estrechamente relacionadas con la motivación y el valor. La misma área del cerebro asociada con el diálogo interno también se asocia con el placer sexual, el dinero, la comida y el uso de drogas.

Cuando conoces a alguien nuevo, la mejor manera de establecer una relación es animarlo a hacer lo que sabemos que quiere hacer: hablar de sí mismo.

Comienza con una pequeña charla, pero luego haz un par de preguntas significativas y escucha realmente la respuesta. Convierte la respuesta en una pregunta adicional, que le indica al hablante que encuentras interesantes sus comentarios y lo anima a profundizar más.

El orador no solo se sentirá apreciado por tu atención y tus solicitudes, sino que también te brindará una visión más amplia de quién es, te ofrecerá numerosas oportunidades para establecer puntos en común y establecer una conexión personal.

Si deseas medir qué tan bien lo haces, piensa en una conversación reciente y determina qué porcentaje de tiempo pasaste hablando respecto al tiempo que pasaste escuchando. Cuanto más tiempo dediques a escuchar, mayor será la influencia que tendrás en la persona involucrada.

Algunas personas son silenciosas o pasivas y dejan que otras personas hablen porque no tienen confianza o simplemente no tienen nada que decir. Por supuesto, NO estoy hablando de estas personas.

Estoy hablando de quien es intencional e increíblemente activo. Al animar a los demás a hablar sobre sí mismos, naturalmente puedes hacer que se acerquen a ti, independientemente del contexto.

Da algo antes de pedir cualquier cosa

Ya hemos hablado del concepto de reciprocidad. Cuando le das algo a alguien, lo alientas a devolver el favor y darte algo a cambio. La reciprocidad no se limita a las estrategias de marketing y puede ser usado para convertirte en una persona naturalmente influyente en cualquier contexto.

La clave es simplemente ser una persona generosa, y eso depende totalmente de ti. Podría ser tu tiempo o tu dinero. Podría ser tu influencia. La gente quiere ayudar a quienes consideran útiles, y no importa lo que des, cuando eres una persona generosa, naturalmente te conviertes en una persona influyente.

Detente a pensar en las personas más influyentes de tu vida. Probablemente pensarás en las personas que te han dado mucho personalmente y la realidad es que en un mundo de personas cada vez más "remotas", el umbral de lo que constituye la generosidad personal es cada vez más bajo.

Si te sientes escéptico, haz un experimento. Dedica un mes a esforzarte al máximo por ser generoso y ve qué tipo de puertas se abrirán y cuántas relaciones podrás construir.

Entender la diferencia entre persuasión y negociación

La persuasión y la negociación suelen incluirse en la misma categoría. Esto es un error. La negociación y la persuasión son casi totalmente opuestos, y conocer la diferencia, naturalmente, puede hacerte más persuasivo.

La negociación implica ir al grano de inmediato y, a menudo, eso incluye hacer concesiones en las que ambas partes tienen la misma ventaja. Por otro lado, la persuasión es lenta y sutil, no hace concesiones y requiere un poco de tacto. A diferencia de la negociación, no se puede ir al grano de inmediato. Cuando persuades a alguien, probablemente vayas en contra de creencias y valores fundamentales que han estado arraigados durante muchos años. La persuasión consiste en acciones que producen resultados a largo plazo. El objetivo es hacer que la otra persona se abra hasta que esté lista para ser influenciada por ti.

A diferencia de la persuasión, la negociación a menudo se puede hacer en una sola sesión, a veces en menos de una hora. Normalmente, una persona tomará la iniciativa y dirá algo como "tenemos que llegar a un acuerdo" O "¿qué se necesitaría para llegar a un acuerdo?". A partir de ahí, se suelen hacer concesiones hasta que ambas partes estén satisfechas.

El 90% de la concesión se realiza en el último 10% del tiempo de negociación. Normalmente, esto sucede debido a una limitación de tiempo para una de las partes.

Un ejemplo de esto sería negociar con un vendedor de autos a fin de mes. Es posible que el comprador no quiera comprar el producto el mismo día, pero es posible que el vendedor no reciba su bono mensual a menos que el automóvil se venda dentro del día.

Utiliza la escasez para instar a una acción inmediata

A menudo es posible acelerar el proceso de persuasión agregando un elemento de escasez a la oferta. Deja claro a todos que tu producto no solo es valioso, sino también único.

Los especialistas en marketing conocen el valor no solo de nombrar el producto o servicio, sino también los beneficios para el comprador final. Esto no solo ayuda a diferenciar a todos los demás que compiten por la atención del cliente, sino que también agrega un elemento de escasez o FOMO (*Fear Of Missing Out*) a la oferta.

Algunos ejemplos de escasez son:

> - Rebajas del Black Friday: las personas se dan cuenta de que solo tienen poco

tiempo para acceder a estos descuentos exclusivos en sus artículos favoritos.

- Ver un número limitado de acciones en tu sitio web: Amazon enumera "Solo quedan 4 en stock", para apresurar al cliente y hacer que haga la compra en ese momento.

La moderación es fundamental cuando se aplica la escasez al proceso de venta. Por ejemplo, si tienes una tienda de eCommerce y ofreces constantemente la opción "¡Solo por hoy!" a precios especiales, tus clientes no se sentirán obligados a comprar porque saben que otra promoción está a la vuelta de la esquina.

Para aplicarlo fuera del mundo del marketing, piensa en las personas que conoces que están muy ocupadas y lo significativo que es cuando eligen encontrar un espacio para ti en su agenda.

La técnica de la psicología inversa.

Ser rechazado o que te den un portazo en la cara nunca es divertido. Sin embargo, esta falla puede usarse para un propósito diferente.

Este método se llama justamente la técnica DITF (Door-In-The-Face, en español: puerta en la cara) y es un método muy conocido que se utiliza para influir en otros y obtener lo que realmente se desea.

¿Como funciona? El persuasor tratará obtener algo del encuestado, a lo que sabe que probablemente dirá que no (cerrándole la puerta en la cara), luego el persuasor inmediatamente le pedirá algo más razonable. La solicitud mas razonable es la que el persuasor realmente quería desde el principio.

Esta técnica funciona bien cuando se sigue en esta secuencia, porque usar la segunda solicitud de forma aislada (lo que realmente quieren) tiene más posibilidades de ser rechazada. Combinado con la solicitud más alta, el persuasor parece estar haciendo concesiones, por lo que es probable que el encuestado se sienta inclinado a aceptarlo.

En un estudio conducido por el Dr. Alexander Pascual, profesor de la Universidad de Burdeos, varias decenas de hombres y mujeres se dividieron en grupos en un bar. En un grupo, una mujer le pidió a un hombre que le comprara una bebida porque su novio se fue sin pagar la cuenta.

Después de que el sujeto masculino se negó, el sujeto femenino pidió darle algunas monedas.

Un segundo grupo tenía un sujeto femenino que pedía algunas monedas sin pedir primero a los hombres que le compraran una bebida. Los resultados de este estudio mostraron un aumento notable en el cumplimiento utilizando la técnica DITF.

Si quieres aprender a persuadir a las personas, debes entender que cosa vuelve influyente a una persona. Comienza a nivel consciente, pero mientras mas uses esta estrategia, mas se volverá parte de ti mismo.

3. Cómo influenciar a los demás y ser un mejor líder

Piensa en todas las personas exitosas que conoces. Claro, son increíblemente buenos para venderse a sí mismos y vender sus ideas; en resumen, son increíblemente buenos para persuadir a los demás. Quizás porque saber vender es la única habilidad que todos necesitan para tener éxito.

Pero ser persuasivos no significa manipular o presionar a otras personas. En el mejor de los casos, la persuasión es la capacidad de describir de manera efectiva los beneficios y la lógica de una idea para lograr un trato, y eso significa que todos debemos ser convincentes: para convencer a los demás de que una propuesta tiene sentido, o mostrar a las partes interesadas cómo un proyecto o empresa generara un retorno, tal vez para ayudar a los empleados a comprender los beneficios de un nuevo proceso, entre otras cosas.

Y es por eso que el arte de la persuasión es crucial en cualquier negocio o carrera, y la razón por la cual las personas exitosas son extremadamente buenas para persuadir a los demás. ¿Cómo puedes ser más persuasivo?

Defiende tus ideas con firmeza.

Probablemente pienses que los datos y el razonamiento siempre ganan, ¿verdad? No. Las investigaciones muestran que los humanos prefieren la audacia a la competencia. Naturalmente asumimos que la confianza es equivalente a la habilidad.

Incluso las personas más escépticas tienden a ser persuadidas, al menos parcialmente, por un orador seguro. De hecho, preferimos los consejos de una fuente confiable, hasta el punto en que perdonaremos un historial deficiente.

Así que sé valiente. Deja de decir "yo pienso" o "yo creo". Deja de agregar calificativos a tu discurso. Si crees que algo funcionará, dí que funcionará. Mantén tus opiniones, incluso si son solo opiniones, y deja que los demás perciban tu entusiasmo. La gente naturalmente se inclinará hacia tu lado.

Comienza lentamente obteniendo pequeñas "victorias".

Las investigaciones muestran que conseguir un trato tiene un efecto duradero, aunque solo sea a corto plazo. Entonces, en lugar de saltar al final de la discusión, comienza con declaraciones o premisas con las que sepas que tu audiencia estará de acuerdo. Construye una base para un mayor acuerdo. Recuerda, un cuerpo en movimiento tiende a permanecer en movimiento y eso también se aplica a una cabeza que asiente.

Ajusta la velocidad de tu discurso según la perspectiva de la audiencia.

Hay una razón detrás del estereotipo del "vendedor que habla apresurado": en determinadas situaciones, hablar rápido funciona. Otras veces, no tanto.

Esto es lo que indica un estudio: si es probable que tu audiencia no esté de acuerdo, habla más rápido. Si es probable que tu audiencia esté de acuerdo, habla más lento.

Cuando tu audiencia es propensa a estar en desacuerdo contigo, hablar más rápido les da menos tiempo para formar sus propios argumentos en contra, lo que te da una mejor oportunidad de persuadirlos.

Cuando es probable que tu audiencia esté de acuerdo contigo, hablar lentamente les da tiempo para evaluar tus argumentos y tomar en cuenta algunos de sus pensamientos. La combinación de tu razonamiento más su prejuicio inicial significa que son mas propensos a ser persuadidos, al menos en parte. Si tu audiencia es neutral o apática, habla rápido para que sea menos probable que pierdan interés.

No tengas miedo a ser moderadamente poco profesional.

Digamos que tu equipo necesita llegar a un acuerdo rápidamente. Usar una palabrota ocasional y sincera en realidad puede ayudar a inculcar un sentido de urgencia. Y, por supuesto, a veces un líder tiene que dejar salir un poco de frustración o enojo.

En resumen, sé tú mismo. La autenticidad es siempre el factor más convincente. Si te sientes lo suficientemente fuerte como para usar un lenguaje más fuerte de forma natural, hazlo. La investigación muestra que probablemente serás un poco más persuasivo.

Toma en cuenta la manera en que tu audiencia prefiere procesar la información.

Imagina un empleado con el que su colega y supervisor esta siempre en desacuerdo. El empleado es joven y entusiasta y entra a su oficina con una idea fantástica, exponiendo todos los hechos y cifras, esperando sin aliento a que el supervisor esté de acuerdo... pero nunca lo está.

Quizás la idea no sea el problema. Su enfoque es el problema. Quizás, el supervisor necesita tiempo para pensar y procesar. Exigir una respuesta inmediata lo pone inmediatamente a la defensiva. Al no tener tiempo para reflexionar, recurre a la opción segura: permanecer en el status quo.

Entonces, el empleado debería intentar un enfoque diferente. Por ejemplo, decir "Tengo una idea que creo que tiene sentido, pero estoy seguro de que hay cosas en las que no he pensado. ¿Podrías pensar en ello durante uno o dos días y luego decirme lo que piensas?"

Esto demostraría que aprecia su sabiduría y experiencia. Además, esto demostraría que no solo desea que el supervisor esté de acuerdo, sino que realmente busca su opinión. Y lo más importante, este enfoque le da al supervisor tiempo para procesar la idea de la forma en que se sienta más cómodo.

Conoce siempre a tu audiencia. No busques un acuerdo inmediato si el estilo de personalidad de alguien lo hace poco probable. Pero no pidas pensamientos innecesarios si a tu audiencia le gusta tomar decisiones rápidas y seguir adelante.

Comparte lo bueno y lo malo

Según el profesor Daniel O'Keefe de la Universidad de Illinois, compartir uno o dos puntos de vista opuestos es más persuasivo que limitarse exclusivamente a tu propio argumento. ¿Porque? Muy pocas ideas son perfectas. Tu audiencia lo sabe. Saben que hay otras perspectivas y resultados potenciales.

Así que habla de ello con la cabeza en alto. Habla sobre las cosas que ya están considerando. Analiza la posible negatividad y muestra cómo mitigar o superar estos problemas. Es más probable que las personas de tu audiencia se sientan persuadidas al saber que tu comprendes que pueden tener dudas. Así que habla sobre la otra cara de la moneda y luego haz todo lo posible para demostrar por qué todavía tienes razón.

Concéntrate en sacar conclusiones positivas.

¿Cuál de las siguientes afirmaciones es más convincente? "¿Dejarás de cometer tantos errores" o "Serás mucho más eficiente"?

¿Y entre estos dos? "¿Dejarás de sentirte tan cansado" o "Te sentirás con mucha más energía"?

Las declaraciones exitosas tienden a ser más convincentes. Los investigadores especulan que la mayoría de la gente reacciona negativamente al sentirse intimidado o culpable por cambiar su comportamiento.

Entonces, si estás tratando de lograr un cambio, concéntrate en los aspectos positivos de ese cambio. Muéstrale a tu audiencia una alternativa mejor, en lugar de decirle qué evitar.

Elije el formato correcto.

Supongamos que eres un hombre que espera convencer a otro hombre que no conoce bien. ¿Qué deberías hacer? Si puede elegir, no hables en persona. Escribe un correo electrónico primero.

Como regla general, los hombres tienden a sentirse competitivos al estar en persona y convierten lo que debería ser una conversación en una competencia que sienten que deben ganar.

Lo contrario sucede si eres una mujer que espera convencer a otras mujeres. Según los investigadores, las mujeres están "más centradas en las relaciones", por lo que la comunicación en persona tiende a ser más eficaz.

Pero si eres un chico que intenta convencer a otro que conoces bien, comunícate en persona. Mientras más estrecha sea la relación, más eficaz será la comunicación cara a cara.

Y sobre todo, asegúrate de tener razón.

Las personas persuasivas saben cómo estructurar y transmitir sus mensajes, pero sobre todo, saben que su mensaje es lo que más importa. Por lo tanto debes ser claro, conciso, directo y ganar porque tus datos, razonamiento y tus conclusiones son irreprochables.

4. Cómo controlar la mente de las personas

La bomba nuclear es el arma más poderosa que existe actualmente… justo después de la psicología humana.

¿Alguna vez te has preguntado por qué la gente hace lo que hace? Las emociones son una fuente de motivación muy poderosa. Bajo el poderoso efecto de las emociones, algunas personas se suicidan mientras que otras sacrifican sus vidas por las personas que aman.

Las emociones pueden motivar a las personas a realizar determinadas acciones y comportarse de determinada manera. Si de alguna manera has logrado inducir una cierta emoción en una persona, entonces tomará la acción que generalmente toma cuando siente esta emoción.

Por ejemplo, si una persona agresiva y de mal genio se ha enfadado, seguramente empezará a gritar o discutir. Puedes motivar fácilmente a esa persona a pelear contra alguien mas desencadenando su ira.

Entonces, ¿cómo se puede controlar a las personas? Lo primero que debes hacer es comprender la personalidad del sujeto, para que puedas adivinar qué acciones tomará cuando experimente cierta emoción.

Por ejemplo, si tu gerente siempre grita pero se detiene cuando se siente culpable, inducir la culpa no solo le permitirá tratarte bien, sino que también le permitirá hacer todo lo posible para ayudarte.

¿Cómo puedes usar las emociones para controlar a las personas?

Miedo: un hombre verdaderamente imponente y aterrador está tratando de iniciar una pelea. Lo que debes hacer es actuar con valentía, transmitir un sentimiento de confianza en ti mismo, gritarle y mirarlo directamente a los ojos. El oponente tendrá miedo y se retirará, impulsado por esta emoción.

Sentido de culpa: incluso los demonios tienen corazón. Mientras la persona se sienta enojada, tratará de hacerte daño, pero si puedes hacer que se sienta culpable, entonces elegirá comportarse de manera diferente.

Involucrar el ego: Dile a tu esposo que todos esperan que ustedes terminen su relación y que él hará todo lo posible por permanecer contigo para preservar su ego. Funciona mejor con personas arrogantes y con egos muy grandes.

Adicción: puedes incluso controlar a alguien y hacer que se enamore de ti usando la adicción inducida.

Ira: ¿Es útil inducir la ira en alguien? Sí, por ejemplo, si tu hermana está actuando débilmente cuando se enfrenta a su esposo, es posible que desees provocarle enojo para que defienda sus derechos.

Como puedes ver, inducir una emoción en alguien lo llevará a actuar de cierta manera. Al tener cierto conocimiento de una persona específica, podrás cambiar su idea en la dirección que desees, sin hacer algún esfuerzo.

En cualquier caso, uno de los principios fundamentales en la vida de cualquier persona debería ser el uso ético del conocimiento. Este conocimiento debe usarse para ayudar a las personas y hacer el bien a los demás en lugar de dañarlos. No seas presa de tus propias inseguridades y caigas en deseos personales de controlar a los demás.

Cómo utilizar la psicología inversa

La psicología inversa es una técnica que puedes usar para motivar a alguien a hacer algo, diciéndole que haga exactamente lo contrario.

Por ejemplo, decirle a tu amigo "Apuesto a que no puedes llegar antes de las 6" podría motivarlo a hacer lo contrario solo para demostrar que estás equivocado.

La psicología inversa es un arma peligrosa, porque si la persona con la que estás tratando comprende que estabas tratando de manipularla, es posible que pierda su confianza en ti. Por lo tanto, la psicología inversa solo debe usarse en la mente subconsciente de la persona y no en su mente consciente.

Por lo tanto, para que la psicología inversa se utilice correctamente, debes:
1) hacer creer a esa persona que realmente crees en tus palabras;

2) hacerle entender que no lo estás diciendo para motivarlo.

¿Cuándo utilizar la psicología inversa?

Supongamos que tu hijo ha recibido malas calificaciones. Decir algo como "Nunca obtendrás mejores notas" podría arruinar su autoestima, haciéndole creer que es realmente imposible, creando así una nueva falsa creencia en su mente que afectará su personalidad.

Después de todo, si sigues diciéndole a alguien que es estúpido, malo o deshonesto, puedes programar su mente para que crea que estos rasgos son parte de su personalidad y que no puede hacerlo mejor.

La psicología inversa solo debe ser usada cuando la persona conoce las acciones que debe ejecutar para lograr las metas que desea lograr. En el ejemplo anterior lo correcto es motivar a tu hijo a estudiar en lugar de motivarlo a sacar buenas notas, esto se debe a que puede estudiar si quiere, pero sacar buenas notas está sujeto a muchos otros factores además de estudiar.

Decirle algo como "Apuesto a que nunca terminarás tu tarea esta noche" es mucho más efectivo y saludable que decirle "nunca obtendrás buenas calificaciones".

No todas las personas responderán a la psicología inversa; por ejemplo, aquellos que no tienen confianza en sí mismos pueden tomar tus afirmaciones como verdaderas y crear nuevas creencias limitantes que las empeorarán.

La psicología inversa debe usarse con narcisistas, tercos y quienes tienen una visión demasiado positiva de sí mismos.

Una vez que hayas logrado desafiar el ego latente de alguien sin dejar que se dé cuenta de que lo está haciendo intencionalmente, podrás hacer que esa persona haga lo que tu deseas.

Seis maneras en las que comportamiento es controlado

¿Crees que tienes el control de tus decisiones? Si eres como la mayoría de las personas, la respuesta natural es: "Claro. Aunque me arrepiento de algunas, en ese momento tenían sentido". En realidad, lo más probable es que seas como el resto de la humanidad y que tus decisiones estén determinadas por tu entorno.

Diariamente somos bombardeados con estímulos y miles de decisiones que tomar. Empezando por cuando nos despertamos, hemos decidido a que hora poner la alarma, cuándo salir de la cama, qué ponernos, qué comer... la lista es casi interminable. Incluso cuando decidimos no hacer algo, esto también es una decisión. Claramente, es más eficiente que las acciones diarias se ejecuten automáticamente y se conviertan en rutinas, pero ¿pueden algunos de estos atajos mentales seguir afectando decisiones más importantes? La respuesta es sí, y estas son algunas de las formas más comunes en las que pueden hacerlo.

El poder de la configuración predeterminada, también conocida como distorsión del status quo

El prejuicio predeterminado es una función psicológica poderosa. Dado que las personas tienden a exhibir inercia, especialmente con decisiones más complejas, generalmente prevalece el modo predeterminado. Ya sea que se trate de configuraciones avanzadas en su computadora portátil o iPhone, un plan de jubilación o una compensación entre confiabilidad y tarifas, la gente casi siempre usa las opciones predeterminadas, el status quo.

Algunos sostienen que a medida que las opciones se vuelven más complejas y las personas saben menos acerca de las opciones, no se sienten lo suficientemente competentes como para alejarse de las opciones predeterminadas. Sin embargo, incluso con tareas básicas como desplazarse hasta la parte inferior de un correo electrónico para hacer clic en "cancelar suscripción" a otro correo electrónico no deseado, las personas dudan en tomar medidas y, por lo tanto, continúan siendo bombardeadas con correos electrónicos no deseados. Piensa: ¿te apegas al valor predeterminado porque es la mejor opción o simplemente porque es la más fácil?

Funciones forzadas

Forzar la función significa que las cosas están diseñadas de manera que las personas deban realizar ciertas acciones para obtener lo que quieren. Los ejemplos incluyen la necesidad de sacar la tarjeta de un cajero automático antes de recibir dinero, tener pastillas de diferentes tamaños para diferentes medicamentos o el sonido que hace el automóvil hasta que te pones el cinturón de seguridad. Por lo general, se utilizan para influir positivamente en el comportamiento, asegurándote de hacer algo para obtener el resultado correcto. Piensa: ¿cómo puedes aprovecharlo? Tal vez poner el teléfono al otro lado de la habitación para que tengas que levantarte y apagar la alarma.

Efecto N

Cuando el número de competidores aumenta, la gente obtiene peores resultados. Por ejemplo, si estás participando en una carrera con miles de personas, puedes pensar que no hay posibilidades de ganar y no te esforzarás tanto como si fuera una carrera con solo 50 personas. Piensa: la próxima vez que compitas contra un grupo grande, recuerda que la mayoría de las personas no lo están dando todo, así que si lo haces, puede tener una ventaja.

Relatividad

Cambiar la primera información que le das a la gente tiene enormes efectos sobre cómo ven todo lo demás. Dan Ariely, en su libro "Predictably Irrational", da un ejemplo con la introducción de las máquinas de pan Williams-Sonoma. Cuando las introdujeron por primera vez, la gente dudaba en pagar el precio fijado por estas máquinas; sin embargo, cuando más tarde introdujeron un modelo 50% más caro, las primeras máquinas de pan parecían una ganga y las ventas se dispararon. Piensa: ¿realmente estás obteniendo un buen trato o hay algo más que te hace pensar?

Efecto Hawthorne

El efecto Hawthorne sugiere que la productividad de las personas cambia con los cambios ambientales. Si bien existe cierta controversia en torno a esta idea, el estudio original de Landsberger reveló que cambiar (tanto en aumento como en disminución) la iluminación en una fábrica, aumentaba la productividad de los trabajadores. Esto podría ser debido a que los empleados se sintieron vigilados cuando se produjeron cambios, pero cualquiera que sea la razón, la productividad de las personas tiende a aumentar debido al cambio ambiental. ¿Cómo puede cambiar tu entorno de trabajo para ser más productivo? ¿Qué novedades puedes implementar?

Memoria dependiente del estado / contexto

¿Alguna vez has tenido dificultades para recordar información? El estado y el contexto en el que has tomado la información cambia tu capacidad para recordarla. Si tienes dificultades para recordar información, puedes regresar a ese estado o contexto específico para hacer emerger tus recuerdos.

5. Cómo ganar una discusión comunicándose de manera persuasiva y eficaz

No tiene mucho sentido tener ideas brillantes si no podemos convencer a la gente de su valor. Los persuasivos principiantes pueden ganar discusiones utilizando la fuerza de su razón y con el uso hábil de muchas técnicas útiles.

Entonces, ¿cómo se gana una discusión? Aquí hay algunos pros y contras para ayudarte a ganar discusiones junto con algunas tácticas furtivas de las que debes ser consciente.

Mantén la calma. Incluso si te apasiona tu opinión, debes mantener la calma y controlar tus emociones. Si pierdes los estribos, también perderás la discusión.

Utiliza hechos como prueba de tu posición. Los hechos son difíciles de refutar, así que reúne algunos datos pertinentes antes de que comience la discusión. Las encuestas, las estadísticas, las citas de personas relevantes y los resultados son temas útiles para implementar para respaldar su caso.

Hacer preguntas. Si puedes hacer las preguntas correctas, puedes mantener el control de la discusión y hacer que tu oponente busque las respuestas. Puedes hacer preguntas que desafíen su opinión: "¿Qué evidencia tienes para respaldar esta afirmación?" Puedes hacer preguntas hipotéticas que extrapolen una tendencia y pongan a tu oponente en problemas: "¿Qué pasaría si todas las naciones hicieran eso?" Otro tipo de pregunta útil es la que de manera calmada puede provocar a tu enemigo: "¿Qué te enoja tanto?"

Usa la lógica. Muestra cómo una idea sigue a otra. Construye tu caso y usa la lógica para socavar a tu oponente.

Apela a valores más altos. Además de la lógica, puedes usar un poco de emoción apelando a razones valiosas con las que es difícil estar en desacuerdo: "¿No deberíamos trabajar todos para hacer un mundo mejor y más seguro para nuestros hijos?"

Escucha cuidadosamente. Muchas personas están tan concentradas en lo que están a punto de decir que ignoran a su oponente y dan por sentado sus respuestas. Es mejor escuchar con atención. ¡Podrás observar debilidades y fallas en su posición y, a veces, escucharás algo nuevo e informativo!

Prepárate para negociar y ceder. No discutas todos los puntos solo por el gusto de hacerlo. Si tu oponente obtiene un punto válido, aceptalo, pero responde con un argumento de mayor impacto. Esto te hace parecer razonable. "Estoy de acuerdo contigo en que la prisión no mejora personalmente a los internos. En general, esto es cierto, pero la prisión todavía actúa eficazmente como disuasión y castigo ".

Estudia a tu oponente. Conoce sus fortalezas, debilidades, creencias y valores. Puedes apelar a sus valores más altos. Puedes usar sus debilidades contra ellos.

Busca la victoria. Mantente abierto a una posición de compromiso que abarque tus puntos mas fuertes y algunos de los de tus oponentes. Esto no sería posible en un combate de boxeo, pero ambos pueden ganar en una negociación.

No vayas a lo personal. Deben evitarse los ataques directos al estilo de vida, la integridad o la honestidad de tu oponente. Ataca el problema, no la persona. Si la otra parte te ataca, puedes distanciarte diciendo, por ejemplo, "Me sorprende que me ataques así. Creo que sería mejor si nos apegamos al problema principal aquí en lugar de difamar a la gente".

No te distraigas. Tu oponente puede tratar de distraerte introduciendo temas nuevos y externos. Tienes que ser firme. "Este es un tema completamente diferente que estaré feliz de discutir más adelante. Por el momento, afrontemos el problema principal que tenemos entre manos. "

No ahogues tus argumentos fuertes con otros mas débiles. Si tienes tres puntos fuertes y dos puntos más débiles, probablemente sea mejor concentrarse en los puntos fuertes. Expresa tus puntos de manera convincente y pide llegar a un acuerdo. Si continúas y usas los argumentos más débiles, tu oponente puede refutarlos y debilitar tu caso en general.

Comunicación en el lugar de trabajo

La mayoría de los negociantes ven la persuasión como un proceso simple. Piensan que incluye: una declaración fuerte de tu posición, un resumen de los argumentos que lo sostienen, seguido de una explicación altamente asertiva basada en datos, discutir con los demás y obtener una respuesta positiva.

En otras palabras, utilizas la lógica, la perseverancia y el entusiasmo personal para que otros decidan que algo es realmente una buena idea. ¡Equivocado! Esto muy a menudo no funciona.

La persuasión efectiva en el lugar de trabajo ha sido estudiada muy de cerca por Jay Conger, profesor de comportamiento organizacional en la Universidad del Sur de California. Durante un período de 12 años, ha examinado las características de los líderes exitosos y los agentes de cambio, estudiando y profundizando en la literatura académica sobre persuasión y retórica.

El interés de Conger se ha concentrado en la persuasión como un proceso más que como un evento único, o una presentación. Llegando a conclusiones definitivas sobre las cualidades necesarias para una persuasión eficaz:

"La persuasión eficaz se convierte en un proceso de negociación y aprendizaje a través del cual un persuasor lleva a sus colegas a la solución compartida de un problema". Es un proceso difícil que requiere tiempo.

La investigación de Conger indicó que la persuasión eficaz incluye cuatro pasos distintos y necesarios:

Establece tu credibilidad

En el lugar de trabajo, la credibilidad proviene de la experiencia y las relaciones. Se cree que las personas tienen altos niveles de competencia si se sabe que han tomado buenas decisiones o si están bien informada y que con el tiempo, han demostrado que son dignos de confianza y trabajan para ayudar a los demás.

Enmarca tus metas de manera que identifiques puntos en común con las personas a las que intenta persuadir.

Es un proceso de identificación de beneficios compartidos, en el cual es crucial identificar los beneficios tangibles de tu objetivo para las personas a las que estás tratando de persuadir. Si no son evidentes desde temprano, es mejor ajustar la posición hasta encontrar un beneficio compartido.

Los mejores persuasores estudian cuidadosamente los temas que les interesan a sus colegas. Utilizan conversaciones, reuniones y otras formas de diálogo para recopilar información esencial. Son buenos oyentes y prueban sus ideas con personas de confianza, cuestionando a las personas a las que luego convencerán. A menudo, este proceso hace que cambien o comprometan sus planes, incluso antes de comenzar a persuadir. Es a través de este enfoque reflexivo y curioso que desarrollan marcos que atraen a su audiencia.

Fortalece tus posturas usando un lenguaje vívido y evidencia convincente.

Las personas persuasivas complementan los datos con ejemplos, historias, metáforas y analogías para dar vida a sus posiciones. Las imágenes de palabras vívidas confieren una cualidad convincente y tangible al punto de vista del persuasor. Conéctate emocionalmente con tu audiencia.

Si bien nos gusta pensar que quienes toman las decisiones usan la razón para ello, al mirar debajo de la superficie siempre encontrarás emociones en juego. Los buenos persuasores son conscientes de la importancia de las emociones y las utilizan de dos formas importantes. En primer lugar, muestran su compromiso emocional con el cargo que ocupan (sin exagerar, ya que sería contraproducente). En segundo lugar, tienen un sentido fuerte y preciso del estado emocional de su audiencia y en consecuencia adaptan el tono y la intensidad de sus discusiones.

Evita los cuatro grandes errores de persuasión

A partir de su minuciosa investigación, Conger concluyó que los cuatro errores más grandes en los grandes proyectos de persuasión son:

1. Intentar terminar la discusión rápidamente

En realidad, establecerse en una posición de fuerza desde el principio les da a los oponentes potenciales algo a lo que aferrarse y luchar. Es mejor no dar a los oponentes un objetivo claro.

2. Resistencia al compromiso.

Muchas personas ven el compromiso como una rendición, pero esto es esencial para una persuasión constructiva. Antes de que las personas acepten una propuesta, quieren ver que el persuasor sea lo suficientemente flexible para responder a sus preocupaciones. Los compromisos a menudo pueden conducir a soluciones mejores, más sostenibles y compartidas.

3. Pensar que el secreto de la persuasión radica en presentar posiciones fuertes.

Las posiciones fuertes son importantes, pero son solo un componente de muchos. Hay otros factores sobresalientes, como la credibilidad del persuasor y su capacidad para crear una posición de beneficio mutuo para ellos y su audiencia, para conectarse en el nivel emocional adecuado y para comunicarse a través de un lenguaje vívido que da vida a las discusiones.

4. Suponer que la persuasión es un esfuerzo de una sola vez.

La persuasión es un proceso, no un evento. Las soluciones compartidas no siempre se alcanzan en el primer intento.

La mayoría de las veces, la persuasión implica escuchar a las personas, probar y desarrollar una posición que refleje la opinión del grupo, con una mayor adición de pruebas que incluyen compensaciones y luego volver a intentarlo. Si esto suena como un proceso lento y difícil, es porque lo es. Pero los resultados valen el esfuerzo.

6. Cómo cambiar el estado emocional de una persona (técnicas de PNL)

La Programación Neuro-Lingüística (PNL), es un método en el que se realiza hipnosis leve a través de la conversación con el propósito de persuadir. Usando ciertos patrones de lenguaje verbal y no verbal, un maestro de la PNL puede desencadenar respuestas específicas en la mente subconsciente del sujeto.

Derren Brown, por ejemplo, utiliza estas técnicas en su programa de televisión británico para realizar hazañas de suprema persuasión, control mental y malicia. Derren nos muestra el increíble poder de acceder al subconsciente.

Resulta que Derren no es el único que hace este tipo de acrobacias. Hace unos años un "ladrón hipnotizador" italiano robó cerca de 800 euros a un empleado de un banco, simplemente pidiéndoselo después de ponerlo en trance. Desafortunadamente, a diferencia de Derren, el ladrón no devolvió el dinero al final del truco.

Claramente, la capacidad de persuadir a alguien psicológicamente es una habilidad poderosa. Como tal, la PNL tiende a atraer a un gran número de mujeriegos, estafadores y líderes peligrosos.

A pesar de estos casos de mal uso, la PNL, fundada por Richard Bandler y John Grinder en California en 1970, no fue diseñada con el propósito de engañar. Entonces, ¿dónde está la frontera entre influencia y manipulación?

La PNL se basa en la capacidad de establecer conexiones sólidas con los demás. Si creas conexiones artificiales, obtendrás una satisfacción artificial.

La PNL se reduce a una comunicación eficaz con los demás y contigo mismo. Si practicas la PNL con un enfoque auténtico y ético, puedes aprender a resolver mejor los problemas, hacer conexiones y hablar con confianza y persuasión.

¿Quieres cambiar la opinión de alguien? Sal a caminar con ellos.

Al principio me sorprendió la sencillez de este enfoque. Cuando caminas al lado de alguien, te conectas con la persona de una manera diferente. La razón es que, para caminar junto a alguien, es necesario tener un ritmo unificado. Cuando estás en ritmo, tu respiración también comienza a sincronizarse.

Si te encuentras en una conversación acalorada y estas en desacuerdo, deja de caminar. No hay una razón lógica por la que no puedas seguir caminando y tener un desacuerdo, pero la gente nunca lo hace.

Resolver un problema personal difícil con sillas

Para comenzar, siéntate en una silla y piensa en un problema que tengas y concentra todos tus sentidos y emociones en él. Al hacer esto, presta mucha atención a tu enfoque interno y externo. ¿Qué notas sobre las imágenes, los sonidos y los olores de la habitación que te rodea? ¿Cómo ha cambiado tu postura y cómo se siente tu cuerpo? Tómate un momento para escribir tus observaciones.

Siéntate en una silla diferente y piensa en una situación que hayas experimentado exactamente opuesta a esta experiencia. No dudes de ti mismo, pero aférrate a lo primero que se te ocurra. Ahora, sumérgete completamente en este recuerdo y vuelve a hacer las mismas observaciones. Crea un recuerdo vívido en tu mente e intenta comprender e identificar cada aspecto de la experiencia: cómo te sientes, tu postura, cómo actúas y la forma en que tus sentidos interactúan con el mundo que te rodea. Si puedes, toma notas.

Por última vez, regresa al primer lugar en el que estaba sentado, pero esta vez mantén fuerte la segunda experiencia. Revisa las notas que tomaste sobre la experiencia más favorable. Cambia la forma en que te sientes para encarnar plenamente este estado mental.

Puedes encontrar una solución inmediata a tu problema original. Si no lo has hecho, sigue moviéndote entre las dos sillas, hasta que puedas aplicar eficazmente tu segundo estado mental a tu primera situación problemática.

¿Una discusión no encuentra solución? Intenta cambiar de lugar.

Si te encuentras en un punto muerto en una discusión, simplemente cambia de lugar con la otra persona. Al sentarse en el asiento de la otra persona, te resultará más fácil ver el asunto desde su punto de vista. La sencillez de esta técnica la hace un poco absurda. Sin embargo, si pruebas este método, es posible que te sorprenda la diferencia que puede tener tu estado físico en sus procesos mentales.

Técnicas de PNL

La programación neuro-lingüística (PNL) es el arte y la ciencia de la excelencia personal.

Es considerada un arte porque cada individuo le da su toque personal y estilo único a lo que hace, y esto nunca se puede expresar con palabras ni con técnicas precisas. Por otro lado también se considera una ciencia porque existe un método y un proceso para descubrir los patrones utilizados por los individuos en un campo específico, para obtener resultados excepcionales: este proceso se llama modelado. Los modelos, habilidades y técnicas descubiertas se utilizan cada vez más en la educación, la consultoría y los negocios para lograr una comunicación más efectiva, tener un mayor desarrollo personal y desarrollar el aprendizaje.

En pocas palabras, la PNL implica influir en el cambio desde adentro de ti mismo y del resto del mundo. Hay toneladas de técnicas de persuasión de

PNL que puedes comenzar a aplicar para influir positivamente en los demás.

¿Qué hace que la gente reaccione de cierta manera?

Cuando hablamos de persuasión, lo primero que debemos tomar en cuenta es saber lo que hace que las personas tomen ciertas acciones. Esta puede ser una técnica muy sutil pero igualmente efectiva.

Por ejemplo, supongamos que estás tratando de vender tu automóvil, publicas un anuncio en línea y un comprador se comunica contigo. Es probable que, al navegar por el sitio, vea las diferentes opciones, por lo que no comprará el auto solo porque se lo pidas (a menos que realmente le guste).

Sin embargo, si supieras cuáles son sus necesidades más profundas, podrías convencerlo. Digamos que comienzas a hablar con él y notas que tiene un bebé recién nacido. Podrías empezar a convencerlo de que compre el auto hablando de todas sus características de seguridad y el espacio para la carriola. Incluso podrías comprar un asiento para niños y aprovechar esas emociones en él.

Limita la elección

Hacer preguntas que limiten la elección facilitará el proceso de persuasión. Este tipo de pregunta da la ilusión de tener un número dispar de opciones, cuando en realidad limita las posibles respuestas.

Por ejemplo, digamos que sales con algunos amigos y los invitas a cenar.

En un escenario, le preguntarás si quieren comer pollo o pescado, lo que les permitirá tomar una decisión, pero en realidad estás limitando su respuesta a esas dos opciones.

En el segundo escenario, preguntarás "¿Quieres comer pollo?" o "¿Quieres comer pescado?". Las respuestas a estas preguntas se limitan a un sí o un no, dejando espacio para muchas otras posibilidades en caso de una respuesta negativa.

Obviamente, este es un ejemplo muy simple e incluso en el primer escenario pueden preguntar si quieren comer algún otro tipo de comida, pero la idea clave es colocar la pregunta de una forma persuasiva que dificulte que otros se resistan a las sugerencias que estás haciendo.

Utiliza su jerarquía de valores

Aprovechar el carácter y la verdadera identidad de una persona es una herramienta importante de persuasión.

Si puedes conectar lo que quieres con lo que la otra persona haría espontáneamente en una situación similar, es posible que tengas muchas posibilidades de convencerla de que lo haga. De hecho, si eres lo suficientemente persuasivo, es posible que puedas causar conflictos internos que los obligarían a actuar de la manera que deseas.

Las personas le dan valor a casi todo. Tienen prioridades y esto es lo que les lleva a tomar determinadas decisiones y actuar de determinada manera. Si logras identificar cuáles son los valores fundamentales de la persona en la que estás tratando de influir, tendrás una gran oportunidad de convencerla.

Algunos valores universales son: amor, salud, atractivo, seguridad, familia, placer, impresionar a los demás, felicidad.

Piensa en la última cosa costosa que compraste y analiza por qué la compraste. ¿Cuáles son tus valores que te atrajeron? ¿Qué te habría impedido comprarlo? ¿Qué podría haber pasado si hubieras pagado el doble de lo que pagaste? Las respuestas a estas preguntas muestran los valores que aplicaste al hacer a esa compra.

Podemos reutilizar el ejemplo de comprar un coche.

Si una persona que busca comprar un automóvil tiene un hijo, ¿qué será más importante? ¿Comprar un deportivo de dos puestos u otro con las características de un vehículo que tenga mayor seguridad? La respuesta revelará cuáles son sus valores jerárquicos.

Para convencer a los demás, primero debes preguntarte:

¿Qué es importante para esta persona?

¿Cómo puedo hacer que mi oferta sea igualmente valiosa?

"Y" vs "Pero"

La palabra "pero" es una palabra muy poderosa. Si digo "Mi primo es extremadamente inteligente pero es vago", puedes pensar que probablemente no le está yendo bien en la escuela o en el trabajo debido a su pereza.

Sin embargo, si reformulo la oración y digo: "Mi primo es vago pero es extremadamente inteligente", la pereza parece disminuir en importancia en relación con su inteligencia.

Ahora puedes hacer un ejercicio sencillo con un amigo.

Simplemente inicia una conversación con una oración sobre cualquier tema. La segunda persona agrega su propia oración pero comienza con la palabra "y". Luego, la primera persona continúa la conversación con otra oración que comienza con "y". Continúen hablando durante varias oraciones cada uno, pero asegúrense de que cada oración comience con la conjunción "y".

Ahora intenta el mismo ejercicio por segunda vez; en lugar de vincular la segunda oración y las siguientes con la palabra "y", utiliza la palabra "pero" y considera lo diferente que se siente al respecto.

Es probable que las frases con "y" te hagan sentir optimista en general, y las frases en las que se usa "pero" parecerán negativas. Una vez que seas consciente del poder que tienen las palabras en tus interacciones diarias con las personas, podrás comenzar a modificar la forma en que te comunicas con los demás para influir en ellos.

Cuando se trata de persuasión e influencia, necesitamos conocer profundamente a la otra persona. Descubre cuáles son sus deseos, sus metas, sus miedos. La clave es concentrarse en ellos, no en ti, y comprender lo que quieren a un nivel más personal.

Por supuesto, todas las técnicas enumeradas anteriormente no están escritas en piedra o no pueden garantizar que siempre podrás influir en todos; a pesar de esto, definitivamente te darán una gran ventaja y una buena base para comenzar a influir en los demás de una manera positiva.

7. Cómo utilizar la comunicación no verbal para influir en las personas

El lenguaje corporal puede ayudarte a transmitir un mensaje o puede enviar un mensaje incorrecto. Para maximizar tu persuasión, en este capítulo descubriremos qué hacer con tus ojos, tu voz y tus manos.

Ser persuasivo significa elegir cuidadosamente las palabras: la persuasión eficaz también requiere la correcta "entrega" del mensaje. Tu lenguaje corporal puede ayudarte a transmitir un mensaje, obstaculizar tu influencia o, lo que es peor, enviar el mensaje equivocado por completo.

Pregunta en persona

Si tienes una solicitud importante, no envíes un correo electrónico. Lo mejor es preguntar cara a cara. Tu solicitud será más convincente si se presenta en persona. Además, es mucho más fácil decir "no" a una solicitud por correo electrónico que a la cara de alguien. Pero quizás lo más importante es que al observar el lenguaje corporal de tu interlocutor puedas personalizar tu mensaje mientras hablas. Por ejemplo, digamos que cuando describes una ventaja en tu propuesta, notas una leve señal que indica un "no". Este es un pequeño indicio de que es posible que tu compañero no esté de acuerdo contigo y luego puedas usar esa información para cambiar el curso de la conversación.

Además, tu pasión y emociones son más contagiosas en persona. ¿Alguna vez te has reído solo porque alguien más se estaba riendo? El punto es que, no importa cuántos signos de exclamación, emoticones o corazones pongas por escrito, estos nunca reemplazarán las emociones reales experimentadas en persona a través de expresiones faciales, voz y gestos.

Piensa en lo diferente que es escuchar un podcast o leer un libro. Es una experiencia completamente diferente. Persuadir por teléfono presenta obstáculos similares; es posible que no tengas toda la atención de tu interlocutor y no tendrás la oportunidad de ver las expresiones faciales o los gestos de la persona con la que estás hablando.

Por lo tanto, si estas solicitando algo a alguien, pide reunirte en persona. Ve con ellos. Invítalos a comer juntos o tomar un café. Si estás tratando de convencer a un grupo, convoca una reunión. Finalmente, si no puedes reunirte en persona, prueba la segunda mejor opción: una videoconferencia.

Revisa tu lenguaje corporal

Ten en cuenta que cuando te encuentres cara a cara, tu interlocutor también te verá. Lo primero que notará es tu postura y enviará un mensaje instantáneo a tu interlocutor. ¡Asegúrate de seguir los consejos de tu abuela y ponte de pie! Realmente marca la diferencia en la percepción de confianza. Incluso antes de abrir la boca, diste una primera impresión.

Además, el contacto visual es una herramienta importante para aumentar la percepción de confiabilidad. Usar gestos con las manos para apoyar y enfatizar tus mensajes principales y mostrar una sonrisa natural te hará lucir más agradable y creíble. Cuando te muestras confiado, tu audiencia estará más relajada, abierta y lista para escuchar.

Imagina por un momento que estoy parado frente a ti, usando mis brazos para hacer los gestos apropiados, sonriendo con naturalidad cuando tiene sentido y mirándote a los ojos. ¿Cómo me percibirías si te dijera lo siguiente?

"No hay nada más importante que la educación de nuestros hijos. Como padre, estoy seguro de que estás de acuerdo. Por favor, vota por el referéndum B".

Ahora imagina escuchar lo mismo, pero esta vez mis brazos están cruzados, mi cabeza ligeramente baja, sin expresión en mi rostro, pobre contacto visual y una voz baja e insegura.

¿Cual seria tu reacción? ¿Qué pensarías de mí?

Debes ser coherente

El problema con este ejemplo es la comunicación incoherente entre mi lenguaje corporal y mis palabras. Si el lenguaje corporal y las palabras son inconsistentes, el oyente debe decidir en cuál creer. Cuando nuestros mensajes entran en conflicto, el oyente casi siempre se basa en señales no verbales para tomar una decisión.

Si estás tratando de conseguir que una audiencia apoye tu organización benéfica, tu lenguaje corporal debe apoyarlo. Los gestos sombríos, como distraer la mirada, moverse nerviosamente o sonreír, despertarán sospechas. Los brazos abiertos, los pequeños gestos y las expresiones faciales que muestran emociones positivas atraerán a tu audiencia y te harán creíble.

Los debates políticos son una excelente manera de tener en cuenta las inconsistencias entre el lenguaje corporal y las palabras. Es posible que veas a un candidato sonreír mientras habla sobre el alto indice de desempleo o el aumento de los precios del combustible. Un candidato puede decir que respeta al otro, pero la cámara lo ve riendo, frunciendo el ceño o poniendo los ojos en blanco en momentos inapropiados. Con mensajes inconsistentes, dejamos de escuchar palabras y prestamos más atención al lenguaje corporal. Es por eso que algo tan pequeño como una mueca podría costarle al candidato la confianza y los votos.

Cómo usar el lenguaje corporal en un discurso persuasivo

Siempre que hablas, tu contenido permanece en la superficie para que todos lo vean. Pero debajo de esa superficie visible, fluye un fuerte río de influencia. Esta es la corriente subterránea que el público no puede identificar fácilmente: la poderosa corriente creada por la comunicación no verbal.

Estos elementos de percepción e influencia preceden al lenguaje. En cierto sentido, no podemos nombrarlos o identificar su poder preciso. Pero siempre trabajan juntos y debajo de las partes identificables de nuestros discursos y presentaciones.

Todo buen orador debe aprender a utilizar el lenguaje corporal en su beneficio, ya que el cuerpo es una herramienta esencial de comunicación. Como oradores, somos cuerpos que se mueven en el espacio y el público reacciona con la misma fuerza a lo que ven y perciben desde el lenguaje corporal que a cualquier otro elemento de nuestra comunicación.

Aquí hay cuatro formas en las que puedes usar el lenguaje corporal para hablar con más fuerza para persuadir, motivar e inspirar al público. Tres de estos consejos se relacionan con el tipo de discurso que pronuncias en términos de presencia. El cuarto implica la práctica esencial del lenguaje corporal que debes utilizar en cualquier discurso o presentación que des en persona.

Para hablar cuando estás de pie

Párate con los pies separados a la altura de las axilas para crear una presencia estable y constante. Muévete de forma inteligente: muchos oradores deambulan, caminan o se mueven sin rumbo fijo. Elije una parte del escenario para cada punto principal que discutas y usa ayudas visuales e incluso a la audiencia para dar expresión física a tu mensaje. Para aumentar tu presencia y carisma, aprende estos ejercicios de desarrollo de habilidades para un lenguaje corporal efectivo.

Haz gestos fuertes y limitados. El gesto singular que amplifica un punto importante es el que agrega significado. Hazlo limpio y limitado: los gestos demasiado frecuentes o débiles no dan expresión física.

Usa expresiones faciales. Los oyentes deciden en parte si confiar en alguien por las expresiones faciales y la mirada en los ojos del hablante. Un orador inexpresivo le está dando a la audiencia muy poco para continuar.

Para hablar cuando estás sentado

Aléjate del respaldo de la silla. Estar muy cómodo en una silla es una trampa cuando hablas. Cuando tengas que mostrar compromiso y pasión, debes levantarte e inclinarte ligeramente hacia adelante.

Una buena postura al sentarse demuestra profesionalismo y aumenta la autoridad. Inclinarse hacia adelante es una pista importante para tus oyentes de que estás comprometido e interesado.

Debes ser abierto. Un error común entre los oradores sentados en una mesa de juego es la de apretar las manos o cruzar los brazos en una posición de "bloqueo". Esto crea una barrera física entre tu audiencia y tu.

El hecho de que te sientes no significa que no puedas hacer gestos. Muchos oradores se convierten en cabezas parlantes y no incluyen gestos de amplificación o apoyo. ¡Usa tus brazos y manos para reforzar tu mensaje!

Cuando hables virtualmente

La audiencia con la que hables virtualmente o por teléfono sentirá la expresividad física que usas cuando hablas. Si necesitas participar plenamente al hablar en persona, ¿por qué eliminar los movimientos al hablar por teléfono o en un seminario web?

Usa audífonos. Los auriculares no solo te permitirán realizar movimientos y gestos, sino que harán que tu voz sea más cálida y cercana. Una vez que te acostumbres, nunca querrás prescindir de ellos.

Hacer preguntas. Dado que los oyentes no pueden reaccionar a las señales visuales que les estás dando (por ejemplo, cuándo deberían responder), debes proporcionar estas señales verbalmente. Tanto tu como tu audiencia sentirán que están realmente conectados. ¡Y mantendrás a los oyentes alejados del multitasking!

Usa mucha energía vocal. En ausencia de señales visuales vitales, tu energía vocal debe transmitir confianza y tranquilidad. Sin gestos para que los oyentes vean, necesitan tu voz para hacer un balance y enfatizar ciertas cosas.

Mira el lenguaje corporal de tu audiencia

Dirige tu energía hacia afuera, no hacia adentro. El lenguaje corporal que proviene de tu audiencia es tan vital como la comunicación no verbal que estás enviando. No te preocupes demasiado por ti mismo, mira a la audiencia para ver cómo responden tus oyentes.

Cuando notes movimientos, gestos, contacto visual y pies nerviosos, presta atención si estas señales cambian. Esto suele ser una señal de que está perdiendo el compromiso de los oyentes. Cambia de ritmo y enfoque cuando sea necesario.

Algunos trucos que aprender

A menudo utilizamos nuestras palabras para influir en los demás, pero ¿de que manera la comunicación no verbal transmite un significado en nuestra habilidad de persuasión?

Un estudio reciente ha revelado que el 75% del significado emotivo viene transmitido a través de canales no verbales. De hecho, cuando los canales verbales y no verbales envían mensajes contradictorios, las personas le atribuyen mas importancia a las señales no verbales.

El European Journal of Social Psychology informa sobre un experimento en el que se le pidió a los sujetos que calificaran las cintas de vídeo de un artista que leía mensajes amistosos, neutrales y hostiles en un estilo no verbal amistoso, neutral u hostil. Estos mensajes y estilos no verbales se habían presentado previamente de forma independiente a un grupo separado de sujetos para su evaluación. Estos sujetos presentados por separado han evaluado el mensaje verbal y los estilos no verbales, otorgándoles una puntuación individual. El segundo conjunto de temas se presentó con una combinación de estilos verbales (mensajes) y no verbales (estilos), algunos correspondientes y otros dispares. Los resultados de los experimentos indican que las señales no verbales tuvieron un mayor efecto en las evaluaciones realizadas en escalas de 7 puntos con respecto a las señales verbales. Los resultados mostraron una relación de 1,67: 1.

De este estudio y de muchos otros, aprendemos lo importante que es el elemento no verbal de una conversación que influye de manera efectiva en los demás.

Usamos la comunicación no verbal para modelar impresiones de nosotros mismos (mejorando nuestra credibilidad), para establecer una relación, para facilitar la atención, para modelar el comportamiento (aprobación social, como usar el cinturón de seguridad), para señalar expectativas (cómo indicar qué dirección tomará) y violar las expectativas de los demás (estar en el espacio personal de alguien).

Establecer contacto visual

Un excelente contacto visual transmite interés y atención, atracción, simpatía, calidez e inmediatez. Generalmente mejora la persuasión.

La dominación y la sumisión también muestran una correlación directa con quienes mantienen la mirada por más tiempo, con quienes miran hacia otro lado de manera más sumisa.

Debes ser consciente de cuánto miras a una persona a los ojos cuando hablas.

Sé respetuoso, pero ocupa espacio

Las personas más persuasivas ocupan más espacio que otras; dominan no solo su propio espacio personal, sino también parte del de los demás. Algunas posturas comunican emociones y las investigaciones muestran que incluso las personas que nacen ciegas levantan los brazos en forma de V y levantan ligeramente la barbilla cuando ganan una competencia física.

Pero también debes ser consciente de lo que los sociólogos llaman proxy: la relación del individuo y su espacio circundante. Esto varía según los elementos culturales pero, en general, los espacios se dividen de la siguiente manera:

Zona íntima: es la zona que una persona mantiene como propiedad individual. Solo puede ingresar una pareja romántica, amigos cercanos y familiares.

Zona personal: esta es la distancia que mantenemos de los demás durante interacciones amistosas, reuniones sociales o fiestas.

Zona pública: esta es la distancia que mantenemos de extraños o personas que no conocemos bien.

Zona social: esta es la distancia cómoda que mantenemos mientras interactuamos o nos dirigimos a un grupo grande de personas.

También hay ciertas posiciones de poder que pueden aumentar tu capacidad de persuasión. Estas incluyen pararse con las piernas bien separadas o estirar los brazos por encima de la cabeza en señal de victoria. Estas poses producen cambios significativos e inmediatos en la química de tu cuerpo. Después de solo dos minutos en este tipo de postura, los niveles de testosterona, la hormona "dominante", pueden aumentar en un 20%.

Muestra una sonrisa genuina

Sonreír es un comportamiento de respuesta. Sonreír transmite calidez, atracción y sinceridad.

Los camareros que sonríen obtienen mejores propinas y los candidatos que sonríen se clasifican de manera más favorable. Pero no finjas una sonrisa. Las sonrisas falsas se crean mediante el uso de un solo músculo que se conecta a las comisuras de la boca; en cambio, las sonrisas genuinas involucran también al orbicularis oculi, un músculo que rodea el globo ocular.

Usa gestos con las manos

Cuando las personas sienten pasión por lo que están diciendo, sus gestos automáticamente se vuelven más animados. Hablar sin moverse o estar completamente quieto, transmite que el hablante no tiene ninguna conexión emocional con el tema. Un ejemplo famoso de este tipo de orador es Al Gore. Durante su campaña presidencial, el 65% de los encuestados dijo que la "rigidez" de Gore es un problema para su campaña. Además, el 64% en otra encuesta lo llamó aburrido.

Los gestos ejemplifican e ilustran. Los gestos pueden convertir la comunicación verbal aburrida en una conversación mucho más interesante. Pueden ayudar a evitar que los ojos de las personas se empañen. Los gestos también controlan el ritmo del intercambio: pueden transmitir mensajes o información con mayor efecto, precisión y rapidez que las palabras.

No mantengas las manos en los bolsillos ni detrás de la espalda; Úsalas para realizar gestos significativos y con la palma de la mano abierta, ya que ayudan a otros a involucrarse y confiar en ti.

Es importante hacer coincidir el tono, la entonación y la velocidad de las palabras con la comunicación no verbal. La inconsistencia entre ambos crea una sensación de confusión entre los oyentes, quienes intentarán evaluar en qué comunicación creer: en la que ven o en la que escuchan.

Durante tus interacciones o presentaciones, intenta preguntarte:

1. ¿Qué dice mi cuerpo?

2. ¿Corresponde con el contenido de mi intervención?

3. ¿Ayuda o distrae?

4. ¿Soy demasiado rígido? lo que puede llevar al aburrimiento, o demasiado dramático, lo que puede generar desconfianza

Practica sin dejar de ser genuino. No cambies a "modo predicador": cuando una persona callada grita y gesticula abiertamente. Se tu mismo, pero se un mejor tú.

8. Como protegerse de la manipulación de los demás

Todas las emociones, buenas o malas, tienen un propósito, pero debes tener cuidado con quienes quieren usar el poder de las emociones para manipularte. Si te identificas como empático, esto tendrá especial relevancia para ti, ya que este tipo de personas son más propensas a acumular energía negativa de los demás. La próxima vez que te sientas víctima de manipulación emocional, consulta estos consejos para proteger tu campo energético.

No caigas en su trampa

Las personas que disfrutan jugando con las emociones de otros, utilizan todo tipo de tácticas, como confusión, culpa e ira, para influir en ti. Si tienes que tratar con este tipo de personas a menudo, como en tu lugar de trabajo, ignóralas o sorpréndelas diciendo algo agradable en lugar de recibirlas con una actitud combativa. Los manipuladores emocionales se sienten realizados al tener un efecto en los demás, así que asegúrate de no darles lo que quieren; después de varios intentos fallidos, puede que comiencen a dejarte en paz.

Escribe en algún lugar lo que dicen durante sus conversaciones.

Si bien puede parecer un poco exagerado, los manipuladores emocionales tienen la costumbre de hacerte parecer el malo y torcer tus palabras para adaptarse a cualquier objetivo. Es posible que en ocasiones empieces a creer que has hecho algo mal, cuando en realidad has sido víctima de su terrible plan de manipulación.

Para asegurarte de poder mostrarles lo que han dicho en conversaciones anteriores, anota cualquier detalle que creas que podría ser cambiado a conveniencia más adelante para justificar su comportamiento. También podrían intentar convencerte de que nunca dijeron una determinada cosa, pero gracias a tus notas podrás probar que lo hicieron.

Debes ser inteligente y protegerte de su enojo, de esta manera se cansaran de usarte como un juguete emocional.

Evítalos por completo si es posible

Por supuesto, evitar a los manipuladores e instigadores emocionales eliminará por completo tus posibilidades de ser víctima de ellos. Para esto, debes hacer todo lo posible para leer la energía de las personas cuando las conozca por primera vez. Si no te dan una buena impresión, confía en tus instintos y haz lo que puedas para evitarlos. Trabajar en la misma oficina con un manipulador emocional puede ser un poco más complicado, debes tener como objetivo limitar las interacciones con la persona tanto como sea posible. Te ahorrarás mucha energía y salud mental.

Debes ser muy claro sobre lo que piensas de su comportamiento.

Estas personas probablemente han dominado a otras durante mucho tiempo y nunca se han enfrentado con nadie al respecto. Defiéndete y hazles saber que te hacen sentir incómodo y explotado. Incluso si niegan su comportamiento o tratan de cambiarlo, al menos puedes estar tranquilo sabiendo que te has defendido. Quizás comenzarán a cambiar su comportamiento;

después de todo, una vez que incomode a todos, ya no tendrán a nadie a quien manipular.

Evita su ataque emocional

Es más fácil decirlo que hacerlo, especialmente si no muestran de inmediato quiénes son en realidad. Presta atención a la primera señal de la manera en que se aprovechan de tus emociones, aléjate lentamente de la relación y asegúrate de hacerles saber tus límites. Los manipuladores emocionales escanean constantemente el horizonte en busca de su próxima víctima, pero es mucho más fácil distanciarse de ellos si no ha invertido mucho en la relación para empezar. Si tienes que hablar con ellos, mantén una relación cordial y civilizada, pero no los dejes ir más lejos si quieres cuidar tu bienestar emocional.

Medita a menudo

Para mantener tu bienestar, debes silenciar tu mente, respirar profundamente y relajarte para manejarte adecuadamente a ti mismo y a tus problemas. Esto te ayudará a manejar mucho mejor a los manipuladores emocionales porque disfrutarás de la paz interior sin importar cuánto caos se desarrolle a tu alrededor. La meditación, en particular, te permitirá cultivar la compasión por esta persona y quizás te ayude a comprender por lo que ha pasado en su vida. Enfréntate a la hostilidad con amor y comprensión y podrás verlos transformarse en una nueva persona.

Inspira a otros

Es importante "ser el cambio" y, en este caso, esto te protegerá inadvertidamente porque los manipuladores emocionales no emitirán vibraciones negativas después de que se inspiren en tus acciones positivas y no manipuladoras. Aumenta los beneficios de la meditación asumiendo la responsabilidad de tu vida, siguiendo tus verdaderas pasiones, siendo voluntario, comiendo bien y haciendo ejercicio. Utiliza todo el conocimiento que has adquirido sobre cómo convertirte en una mejor versión de ti mismo para ayudar a los demás a convertirse en la suya.

Diles "Tienes razón"

Por muy difícil que sea para tu ego, tu alma te dará un aplauso y hasta una ovación. Los manipuladores emocionales se alimentan del drama y el caos, por lo que estar de acuerdo con ellos los dejará sin palabras y apagará rápidamente las llamas de su impulso de manipular. Solo por el placer de mantener tu tranquilidad, déjalos ganar la discusión. Sabes en el fondo que su comportamiento y sus acusaciones están mal, pero las consecuencias para ellos vendrán de otra parte.

Déjalo… ¡ahora mismo!

Si notas este tipo de comportamiento en tu novio, prometido o cónyuge, debes dejar esa relación por tu propio bienestar. No puedes obligar a una persona a cambiar, sin importar cuántas veces hayas mencionado su comportamiento volátil. Te mereces alguien que nutra y equilibre tus emociones, no a alguien que quiera usarte para su diversión personal.

Desarrolla una mentalidad fuerte

No dejes que sus insultos te afecten; ríete de ellos o simplemente escucha lo que quieren decir sin estar de acuerdo. Si sabes qué tipo de persona eres y tienes un fuerte sentido de autoestima, nada de lo que digan te desanimará.

Debes ser positivo

Un manipulador emocional puede nublar completamente tu estado de ánimo, así que asegúrate de restaurarlo con afirmaciones y mensajes constructivos. Ellos prosperan al ver que tu estado de ánimo se arruina, así que cuando vean que sus comentarios descarados no tienen influencia sobre ti, no tendrán motivos para molestarte mas.

Cómo reconocer a un manipulador

Los manipuladores están en todas partes: en los hogares, en las escuelas, en las iglesias, en el lugar de trabajo. Los manipuladores se infiltran dondequiera que puedan influir en los demás como les plazca.

¿Cuáles son las tácticas de los manipuladores? Algunos son obvios; otros son menos obvios.

Intimidación. Este es un enfoque violento, y no es tan sutil. El mensaje subyacente es: "Si no haces lo que quiero, te lastimaré".

Sentimiento de obligación. Esta táctica implica el uso del "debería". "Deberías hacerlo para ser una buena persona". "Deberías satisfacer mis necesidades". "Deberías...". El mensaje subyacente es que si no haces lo que "debes", entonces eres malo, indigno de confianza, desleal, un mal esposo, hijo, amigo, pariente.

Sarcasmo o ironía. Estos vienen en forma de broma y cuando te enfrentas a la otra persona, te dicen: "Eres demasiado sensible. ¿No puedo bromear?" El mensaje subyacente es: "Debes ser quien quiero que seas o te haré daño con mis palabras".

Comportarse como víctima. El manipulador que se compromete y actúa trágicamente después de ser herido (tratándote como si fueras un villano sin corazón). Para no sentirte como un villano sin corazón tienes que ser o hacer lo que quiere el manipulador.

Suspiros/golpes/manejar irregularmente. Esta descarada técnica de manipulación está diseñada para castigarte. El mensaje subyacente para ti cuando un ser querido cierra la puerta, se apresura, presiona con enojo el freno y el acelerador es: "No has cumplido mis expectativas, así que no te hablaré directamente, sino que expresaré mi desprecio por ti a través de mis acciones ".

Sentimiento de culpa. A través de declaraciones como "¡Vaya, qué suerte tienes!" o "Si yo también pudiera permitirme el lujo de..." el manipulador sabe exactamente cómo presionar los botones correctos.

Lluvia de atención. Este tipo de manipulador intenta comprarte con regalos y/o cumplidos excesivos. Bajo su generosidad hay forzamientos y, si no le correspondes como esperaba, habrá un infierno que pagar.

Ley del hielo/mal humor. Estas tácticas son medios pasivo-agresivos de castigo por las infracciones que has cometido. Esta manipulación es tan dolorosa que la víctima hará todo lo posible para evitarla.

Bloqueo intencional. ¿Tienes que esperar mucho tiempo por la persona en cuestión? ¿Se queja constantemente? Si es así, lo más probable es que estés tratando con una persona que quiere controlarte a ti y a la situación, pero lo hace de manera encubierta.

Estas son solo algunas tácticas, ya que los métodos para manipular a alguien son tan variados como la individualidad. Se puede decir que los manipuladores pueden adaptar su manipulación específicamente al individuo con el que se relacionan.

Los dos motivos principales que guían el comportamiento de los manipuladores son:

1) Verificar la relación y/o situación

2) Evitar las responsabilidades personales

Si te encuentras en el extremo receptor de un manipulador, no te desanimes, hay formas de protegerte y cuidarte en este tipo de relación.

Tienes que entender que no necesitas la aprobación de los demás y no tienes que dejar que otros te definan.

La única forma en que la manipulación puede funcionar, es si tu lo permites. Tu manipulador te ha estudiado y conoce tus puntos débiles. Sabe que quieres cuidar de él, ser el héroe, perdonar, sacrificarte. Usará sus manipulaciones para aprovechar tus debilidades (y fortalezas) a su favor.

La única forma de salir de este tipo de dinámica de relación es dejando de preocuparte por cualquier mensaje implícito que esté tratando de transmitirte. Aquí hay algunas acciones que puedes usar en ti mismo para ayudar a mitigar el poder del manipulador sobre ti:

- Ve los trucos de manipulación por lo que son: estrategias para controlarte.

- Deja de necesitar que la otra persona cambie. Simplemente permítele ser un manipulador si ese es su deseo. Después de todo, no puedes controlar a la otra persona más de lo que se supone que te controle a ti. Acéptalo y ríndete.

- Deja de defenderte. Si comienzas a notar que te sientes a la defensiva, deja de hablar y aléjate.

- Cancela el control del manipulador sobre ti. Deja de tener que satisfacer sus necesidades.

- Espera que el manipulador use varios métodos para controlarte. Una vez que dejes de ceder a sus manipulaciones, él aumentará las apuestas. Debes estar preparado.

- Mantén la calma. No dejes que el manipulador te presione.

9. La persuasión en otros contextos

La zanahoria y el palo

Los seres humanos están programados para moverse hacia el placer, como un caballo hacia una zanahoria y alejarse del dolor, como un burro evita un palo. Cuando las personas leen o ven tu publicidad, las "zanahorias" o promesas de ganar dinero, pueden llenar de esperanza a tus potenciales clientes y obligar a las personas a perseguir ese potencial sentimiento de placer. Los "palos", las posibilidades de pérdida, evocan miedo en tus prospectos, lo que los obliga a escapar de esa potencial sensación de dolor.

Ambas tácticas pueden llamar la atención de tus potenciales clientes con una narrativa que evoca emociones que inspiran la acción deseada. Las zanahorias, como la ventaja de un producto, incitan a las personas a realizar la acción deseada. Los palos, por otro lado, al igual que las campañas contra el tabaquismo, evocan miedo en las personas a dejar de ejecutar una determinada acción y empezar a hacer otra.

Un mensaje por anuncio

Para atraer inmediatamente la atención de las personas y convencerlas de que lean o vean el resto de un anuncio, intenta ceñirte a un solo mensaje. Al destacar tu producto o el principal beneficio o característica de la oferta, le harás mas fácil a tus clientes la comprensión del valor y aumentará la probabilidad de persuasión porque estás transmitiendo un solo mensaje a tu audiencia: la característica principal del producto beneficiará la vida de tu cliente de alguna manera.

Escribe en segunda persona

Dado que a tus potenciales clientes les preocupa principalmente cómo puedes ayudarlos, y pronombres como "tú" y "tuyo" pueden involucrarlos a nivel personal y ayudarlos a encajar en la narrativa que estás creando, escribir anuncios en segunda persona puede captar su atención instantáneamente y ayudarlos a visualizar un futuro con tu producto o servicio que mejorará su vida.

Dale a tu publico una sensación de control

Según una investigación dirigida por tres profesores de psicología de la Universidad de Rutgers, la necesidad de control es biológica y psicológica. Las personas necesitan sentir que tienen control sobre su propia vida.

Si deseas darle a tu publico una sensación de control, debes darles la posibilidad de elegir. En otras palabras, después de leer o ver tu anuncio, deben sentir que pueden elegir entre la opción que sugieres u otro camino. Si tienen la sensación de que estás tratando de obligarlos a comprar tu producto, se enojarán y se desviarán de tu mensaje.

Para darle a tu audiencia una posibilidad de elegir, debes usar frases como "Siéntete libre" o "Sin presiones" en tus anuncios.

Repetición

Cualquiera que tenga un buen conocimiento del aprendizaje y la psicología, dirá que la repetición es un factor fundamental. También es crucial en la escritura persuasiva, ya que una persona no puede estar de acuerdo contigo si no entiende realmente lo que estás diciendo.

Es cierto, hay repetición buena y mala. Para permanecer del lado correcto, traza tu mensaje de diferentes maneras: directamente, usando un ejemplo, incluyéndolo en una historia, usando una cita de un personaje famoso...

Las razones

Recuerda el poder de la palabra "porque". Los estudios psicológicos han demostrado que es más probable que las personas cumplan con una solicitud si simplemente les das una razón, incluso si esa razón no tiene sentido.

No nos gusta que nos digan o nos pidan que actuemos sin una explicación razonable. Cuando necesites que las personas sean receptivas a tu línea de pensamiento, explica siempre el porque.

Congruencia

La coherencia en nuestros pensamientos y acciones es un rasgo social apreciado por cualquiera, conjuntamente con la integridad y el comportamiento racional. Parecer inconsistente, por otro lado, es un rasgo asociado con la inestabilidad y la volatilidad.

Usa esto en tus escritos, haciendo que el lector esté de acuerdo con algo con lo que seria difícil no estar de acuerdo. Luego, expón rigurosamente tu caso con suficiente evidencia que lo apoye, todo esto conduce a tu último punto en el escenario inicial en el que tu idea será aceptada.

Comparaciones

Las metáforas, similitudes y analogías son los mejores amigos del escritor persuasivo. Cuando puedas relacionar tu escenario con algo que el lector ya acepta como cierto, estás en camino de lograr que alguien vea las cosas a tu manera.

Pero las comparaciones también funcionan de otras formas. A veces puedes ser más persuasivo comparando manzanas con naranjas (para usar una metáfora eficaz). No compares el precio de tu curso de estudio en casa con el precio de un curso similar; compáralo con el precio de un seminario en vivo o con tu tarifa de consultoría por hora.

Alterar y resolver

Primero, debes identificar el problema y calificar a tu audiencia. Luego, alterar al lector antes de ofrecer una solución. La fase de alteración no se trata de ser sádico; se trata de empatía. El lector debe saber inequívocamente que entiendes su problema porque lo has enfrentado y/o tienes experiencia en eliminarlo. La credibilidad de tu solución aumenta si demuestras que realmente sientes el dolor del cliente potencial.

Predecir

Otra técnica de persuasión es brindar a tus lectores una visión del futuro. Si puedes presentar de manera convincente una extrapolación de eventos actuales a posibles resultados futuros, podrías lograr resultados realmente sorprendentes.

Toda esta estrategia se basa en la credibilidad. Si no tienes idea de lo que estás hablando, terminarás pareciendo tonto. Pero si puedes respaldar tus quejas con credenciales o tu comprensión del tema, ésta es una técnica extremadamente convincente.

Unificar... selectivamente

A pesar de nuestros intentos de ser sofisticados y evolucionados, los seres humanos somos únicos por naturaleza. Dale a alguien la oportunidad de ser parte de un grupo del que quiera formar parte y abordará el tren que estas conduciendo.

Esta es la técnica utilizada en la mayoría de los textos persuasivos. Descubre de qué grupo quieren formar parte las personas y ofréceles una invitación para unirse, aparentemente excluyendo a los demás.

Narración

La narración de historias, o *storytelling,* es verdaderamente una técnica universal: puedes y debes usarla combinada con cualquiera de las estrategias anteriores. Pero la razón por la que la narración funciona tan bien reside en el corazón de lo que realmente es la persuasión.

Las historias permiten a las personas relacionarse, conectarse, persuadirse, y esto es realmente importante. Podrías decir que nunca convencemos a nadie de nada, solo ayudamos a otros a decidir por sí mismos que tenemos razón. Haz todo lo que puedas para contar mejores historias y descubrirás que es una persona tremendamente persuasiva.

Conclusión

Después de estudiar a los líderes políticos, sociales, comerciales y religiosos más influyentes y de probar innumerables técnicas, hemos visto los fundamentos de la "psicología oscura" para persuadir a otros.

Recuerda que la persuasión no es coerción (que ocurre mediante el uso de la fuerza bruta) para inducir a alguien a hacer algo que no es de su interés. La persuasión es el arte de hacer que las personas hagan lo que más les conviene, que al mismo tiempo te beneficia a ti. Por lo tanto, la persuasión siempre debe usarse con las mejores intenciones, esto te asegurará los mejores resultados.

Todos pueden ser persuadidos, en el momento y el contexto adecuados, pero no necesariamente a corto plazo. Las campañas políticas centran su tiempo y dinero en un pequeño grupo de votantes que deciden las elecciones. El primer paso de la persuasión es siempre identificar a aquellas personas que en un momento dado son persuasibles desde tu punto de vista y enfocar tu energía y atención en ellas.

La base de la persuasión es el contexto y el momento. El contexto crea un estándar relativo de lo que es aceptable. El tiempo determina lo que queremos de los demás y de la vida. Hemos elegido casarnos con un tipo de persona diferente a la que salíamos cuando éramos más jóvenes, porque lo que queremos cambia con el tiempo.

Para que la persuasión pueda llevarse a cabo correctamente, debemos asegurarnos que nuestro interlocutor esté interesado. Nunca puedes convencer a alguien que no está interesado en lo que estás diciendo. Todos estamos más preocupados por nosotros mismos y pasamos la mayor parte de nuestro tiempo pensando en el dinero, el amor o la salud. El primer arte de la persuasión es aprender a hablar constantemente sobre estos temas con otras personas, de esta manera siempre tendrás su atención.

Además, es importante recordar el principio de reciprocidad: cuando hago algo por ti, te sientes obligado a hacer algo por mí. Es parte de nuestro ADN evolutivo ayudarnos unos a otros a sobrevivir como especie. Más importante aún, puedes explotar la reciprocidad de manera desproporcionada a tu favor. Al proporcionar pequeños gestos de consideración a los demás, puedes pedir más a cambio y los demás te lo proporcionarán con gusto.

La persona que está dispuesta a seguir pidiendo lo que quiere y sigue demostrando valor es, en última instancia, la más persuasiva. La forma en que tantas figuras históricas han persuadido a masas de personas es persistiendo en sus esfuerzos y en sus mensajes. Piensa en Abraham Lincoln, quien perdió a su madre, tres hijos, una hermana, su novia y ocho elecciones antes de ser elegido presidente de los Estados Unidos.

Todos nos emocionamos con los cumplidos y es más probable que confiemos en las personas por las que tenemos sentimientos positivos. Trata de felicitar a las personas con sinceridad y con frecuencia por cosas por las que no suelen felicitarlos; es lo más fácil que puedes hacer para convencer a los demás.

La persuasión también radica en gestionar las expectativas de los demás. Un administrador que promete un aumento del 20% en las ventas y obtiene un aumento del 30% es recompensado, mientras uno que promete un aumento del 40% y obtiene un 35% es castigado. La persuasión se trata simplemente de comprender y superar las expectativas de los demás.

Nunca des por sentado lo que alguien necesita, ofrece siempre tu valor. A menudo en las ventas, nos abstenemos de ofrecer nuestros productos o servicios porque asumimos que otros no tienen dinero o interés. No des por sentado lo que otros pueden querer o no, ofrece lo que puedes brindar y deja la decisión final a ellos.

También recuerda inculcar un sentido de urgencia en las personas para que actúen de inmediato. Si no estamos lo suficientemente motivados para querer algo en este momento, es poco probable que encontremos esa motivación en el futuro. Tenemos que convencer a la gente en el presente y la urgencia es nuestro as bajo la manga.

A veces, la forma más eficaz de persuadir a alguien es decirle algo que nadie más está dispuesto a decir. Enfrentar la dura verdad es uno de los eventos más reveladores y significativos que ocurren en nuestra vida. Di la verdad sin juzgar al otro y, a menudo, encontrarás bastante sorprendente las respuestas que obtendrás.

Recuerda que nos gustan las personas como nosotros. Esto se extiende más allá de nuestras decisiones conscientes, a nuestros comportamientos inconscientes. Al reflejar y combinar otros comportamientos habituales (lenguaje corporal, ritmo, patrones de lenguaje, etc.) crearás un sentido de relación con el que las personas se sentirán más cómodas contigo y estarán más abiertas a tus sugerencias.

¿Cuáles son las habilidades necesarias para convertirse en un persuasor?

Flexibilidad de comportamiento: eres una persona flexible, no necesariamente a la máxima potencia, que tiene el control. Los niños suelen ser muy persuasivos porque utilizan una variedad de comportamientos para conseguir lo que quieren (hacer pucheros, llorar, regatear, suplicar), mientras que los padres se quedan estancados con un simple "No". Cuanto más amplio sea tu repertorio de comportamientos, más persuasivo serás.

Transferir la energía: algunas personas drenan nuestra energía, mientras que otras nos la infunden. Las personas más persuasivas saben cómo transferir su energía a los demás, motivarlos y vigorizarlos. A veces, todo lo que se necesita es contacto visual, contacto físico, risa, emoción en las respuestas verbales o incluso simplemente escuchar activamente.

Comunicar claramente: si no puedes explicar un concepto o punto de vista a un estudiante para que pueda explicárselo con suficiente claridad a otro adulto, es demasiado complicado. El arte de la persuasión consiste en simplificar algo por completo y comunicar a los demás lo que realmente les interesa.

Estar preparado: tu punto de partida siempre debe ser conocer mejor a las personas y las situaciones que te rodean. La preparación meticulosa permite una persuasión eficaz. Por ejemplo, mejorará en gran medida tus posibilidades de conseguir un trabajo, si en la entrevista demuestras que conoces los productos, servicios y antecedentes de la empresa.

Mantén la calma en los conflictos: nadie es más eficaz cuando está alterado. En situaciones de intensa emoción, siempre tendrás la máxima ventaja al permanecer tranquilo, desapegado y sin emociones. En los conflictos, las personas recurren a quienes tienen el control de sus emociones y confían en ellos en esos momentos para guiarlos.

Utiliza la ira de forma intencionada: la mayoría de las personas se sienten incómodas con los conflictos. Si estás dispuesto a elevar una situación a un alto nivel de tensión y conflicto, en muchos casos los demás retrocederán. Utiliza este consejo con moderación y no lo hagas de manera emocional o por pérdida de autocontrol. Recuerda que puedes usar intencionalmente la ira a tu favor.

Confianza y certeza: no hay ninguna cualidad tan convincente, embriagadora y atractiva como la certeza. La persona que tiene un sentido desenfrenado de certeza siempre podrá convencer a los demás. Si realmente crees en lo que haces, siempre podrás convencer a los demás de que hagan lo que es correcto para ellos mismos, obteniendo a cambio lo que deseas tu.

Espero que hayas encontrado útiles e interesantes estos consejos. Ahora te toca a ti ponerlos en práctica y vivirlos en tu vida diaria y laboral.

¡Hasta la próxima!

Samuel Navarro

www.ingramcontent.com/pod-product-compliance
Lightning Source LLC
Chambersburg PA
CBHW030911080526
44589CB00010B/243